"異文化"トラブル
解決のヒント！

日本人も外国人も

ケース学習で学ぼう
ビジネス
コミュニケーション

金孝卿　近藤彩　池田玲子　著

JN061187

日経HR
NIKKEI HUMAN RESOURCES

はじめに
～協働力育成のために～

　近年、日本国内に多様性を有する職場環境が増えつつあります。日本語を母語としない人にとって毎日が「仕事の日本語」の学びの場であり、異文化理解の場ともなります。もちろん、日本語母語話者にとっても異文化背景をもつ仕事仲間との職場経験から異文化の気づきが得られるはずです。ただ、異文化背景をもつ者同士が同じ職場で日々かかわりながら業務を遂行していくことは、それほど容易なことではありません。実際、ダイバーシティの職場では、様々な衝突が起きているのも事実です。

　本書はその意味で、日本語ビジネスコミュニケーション教育の学び手として、日本で働く外国人労働者のみではなく、外国人と共に働く日本人、そして、海外で働く日本人にとっても必要な「異文化への気づき」を促すための教材であり、異文化協働の学びの場に有用な教材となることをめざしたものです。

　グローバル社会の中での問題解決においては、従来有効だとされてきた解決策の多くはもはや使えないものになってきています。なぜなら、グローバル社会は多様な価値観と多様な文化の混合状況にあり、さらにその状況が日々大きく変化しているからです。問題の背景にあるものがあまりに多様で、複雑に絡み合い、さらにその変化が絶えないとなると、問題の要因を特定化することすら困難になります。ならば、人はこの社会を生きていくために、どのように現実に向き合い、どのように問題解決に取り組んでいけばよいのでしょうか。

たとえば、きわめて広いグローバルな視野をもち、あらゆる視点から情報を収集し整理でき、どのような変化にも対応できる超人的な能力をもつ人間であれば、この社会の問題解決ができるのでしょうか。一見すると理想的で完璧な人間像なのでしょうが、どう考えても人材育成の観点からはきわめて実現性が低いだけでなく、その人間像は人間社会の構成員として、もっとも重要な側面を欠いてしまうものかもしれません。

　それならば、いったい何がグローバル人材育成の道しるべとなるのでしょうか。著者らは、グローバル社会の教育には、人間が元来身につけているはずの社会的能力を活性化し、自分とは異なる他者とも協力しながら創造と新たな価値を生み出していく「協働力」の育成が目指されるべきだと思います。

■ 協働の学びとケース学習

　本書は「ケース学習」のための教材です。日本語教育で開発された「ケース学習」は、日本語教育の協働学習（ピア・ラーニング）の概念に基づく学習方法です。

　日本語教育では、「協働」の主要概念要素として「対等」「対話」「プロセス」「創造」「互恵性」（池田・舘岡 2007：5－8）の5つを挙げています。日本語教育ではこの5つの概念要素をもった学習を「協働学習」としています。同時に、「ピア・ラーニング」という表現については、教室場面での授業等について便宜的な呼び名としました。つまり、日本

語教育や学校教育などの典型的な「教室授業」での協働学習の場合には「ピア・ラーニング」と呼び、それ以外の学びの場、たとえば企業研修や公開講座などでの学びが協働的に行われる場合には、ピア・ラーニングの大枠となる協働学習としています（池田2007）。

　では、「協働」の5つの概念要素とは、具体的にどのようなものかについて簡単に解説していきます。

　まず、第一の「対等」とは、学び合いの場では、誰もが対等な立場にあるという意味です。日本語レベルや母語話者かそうでないか、もっといえば学習者も教師も、互いに学び合えるのだから対等だということです。グローバル社会の学び手同士は、互いに文化や価値観の違いがあります。だからこそ、両者にはお互いから学び合えることがあるのです。第二の「対話」は、学び合いの手段のことです。学び合いの場では、それぞれがもつ知識情報や考え、思いを可視化して他者に伝える必要があります。口頭言語でも文字言語でも、あるいは周辺言語によっても対話はできます。対話は他者との関係をつなぐだけでなく、内なる自分との対話も可能にします。だから、対話によって、学び手自身の内面認識を深めることもできるのです。第三の要素は「プロセス」です。これは対話プロセスの時間を意味します。協働するには、たった一度の交流では無理です。協働には時間をかけてつくるプロセスが必要だということを意味しています。第四の要素は「創造」です。人は他者と協力的にかかわることでお互いの知識情報を共有することができます。さらに、課題

解決に向かって対話を重ねていく時間の中では、共有した知識情報をもとに、新たな創造や価値を生み出すことも可能です。第五の要素は「互恵性」です。学び合いから生み出される創造も価値も、かかわり合った学び手双方にとっての新たな領域であり、新たな価値観ともなります。その意味で、協働の学び合いが生み出すものは「互恵性」をもつのです。

　こうした協働学習の概念に依拠して開発された「ケース学習」は、学びの場に参加する全ての人が対等な学び手であり、対話のプロセスを経て互いの視点を共有し、互いにとって有益な価値創造を生み出すことを目指し問題解決に当たる学習のあり方です。

池田玲子・舘岡洋子（2007）『ピア・ラーニング入門—創造的な学びのデザインのために』ひつじ書房

企業研修やビジネス日本語教育に
「ケース学習」を利用する方々へ

　厚生労働省が発表した「外国人雇用状況」の届出状況によると、2019年現在、外国人労働者数は約166万人で、対前年同期比13.6％の増加となり、2007年に届出が義務化されて以降、過去最高を更新しました。こうした外国人労働者の増加に伴い、外国人留学生へのキャリア教育や就職支援の重要性が高まってきました。最近は、大学などの教育機関のみならず、日本政府の関係機関や企業においても外国人材への日本語教育や企業研修の拡充が求められるようになりました。

　一方、外国人社員への企業研修のあり方については、日本の多くの企業はまだまだ開拓の余地があるように思います。ただ、住居や給与・人事制度などの組織のハード面の環境整備は進んでいますが、職場内の日本人社員との関係性の構築や、職務における価値観や信念の共有、再構築といった組織のソフト面での対応にはまだ至っていない場合が多いからです。

　著者らはこれまで日本の企業で働く外国人社員や日本人社員の「声」を聞く機会を多く得てきました。彼らの「声」を通して、母語や母文化を異にする成人たちが職場でともに働く中で起きてしまう問題の特徴は何か、それらの問題をどのように解決し、そこにどのような新しい枠組みを見出していったかについて、私たちは多くの示唆を得ることができました。本書で提案する「ケース学習」は、ダイバーシティの職場環境における構成員間の「対話」を促し、多様な価値観を理解し合える人材の育成と社内の意識改革を目指すものです。

■ ケース学習の特長

　「ケース学習」とは、実際に職場で生じたトラブルや摩擦（コンフリクト）を題材にしたケース教材を使用して、問題の発見と解決方法について他者と討論し、自身の解決方法を見出す一連のプロセスを内省するまでの学習を指します（近藤・金2010）。このアプローチは、ハーバード大学で開発された教育法である「ケースメソッド」を援用して、これをビジネス日本語教育用に再構成したものを提案しました。学習者は、他者との対話によって多様な価値観に触れ、互いの違いを尊重し、自分の考え方を問い直していくプロセスを辿ります（近藤2018、近藤・金・池田2015）。

① 成人学習者の実践的な学びを支える

　成人の外国人社員は、日本語を使って職場での人間関係を作りながら、職務上の様々な課題を遂行していきます。ケース学習では、「職場でのコミュニケーションの取り方」、「仕事の進め方」、「働き方」、「評価」など、組織の文化や価値観に関わるテーマがよく取り上げられます。ケース学習は、これらの課題について他者との討論を通じて、自身の職場での実践に照らしながら学ぶことができます。さらには職場での具体的な行動や意識変容をも助けます。このことは、これまでケース学習を経験した多くの外国人社員から観察されています。

② 組織内での対話の活性化を支える

　外国人材を採用する企業では、企業の海外展開や新規開拓、新たな発想や社内の活性化を期待していることが多いです。特に、外国人材の活動が日本人社員に新たな気づきを引き起こし、社員の意識改革や職場環境の改善に結びつけるには、日本人社員を含めた組織内での対話が重要です。対話によって、組織の中の当たり前を問い直し、個人の認識や組織における考え方の枠組みを変えていかなければならないからです。ケース学習を中心とした企業研修の開発はそのためのソリューションになり得るものです。

　実際にケース学習を中心とした企業研修を継続的に実施したことで、社内体制が大きく変わり、外国人社員はもちろん、日本人社員に大きな変化が見られた例はいくつかあります。そうした職場では、外国人が活躍できる企業へと変化し、「外国人」から「同僚」「個人」として捉えられる過程が観察されています。

金孝卿（2018）「元留学生社会人交流会「サロン・デ・ゼクスパット」におけるケース学習の実践—企業と大学の協働による学びの場の構築に向けて—」『多文化社会と留学生交流』22号,57-65.

金孝卿（2019）「ケース学習を用いた職場外での学びの場の意義—外国人社員参加者及び人事担当者へのインタビューから」『2019年度日本語教育学会春季大会予稿集』424-427.

近藤彩（2018）「日本語教育関係者と企業関係者における異業種の協働 —企業研修を行う講師育成プログラムの開発—」『BJジャーナル』創刊号，ビジネス日本語研究会，16-28.

近藤彩（2019）「高度人材としての外国人の活躍と日本語教育関係者の役割」『日本言語文化研究会論集』6,国際交流基金日本語国際センター・政策研究大学院大学，1-14.

近藤彩（2020）「企業の求めるビジネスコミュニケーション能力—外国人と働く環境整備に向けて日本語教育ができること—」『日本語学』,42-54.

近藤彩・金孝卿（2010）「「ケース活動」における学びの実態—ビジネス上のコンフリクトの教材化に向けて」『日本言語文化研究会論集』6,国際交流基金日本語国際センター・政策研究大学院大学，15-31.

近藤彩・金孝卿・池田玲子（2015）『ビジネスコミュニケーションのためのケース学習【解説編】:職場のダイバーシティで学び合う』ココ出版

近藤彩・戸﨑典子・池田玲子・金子壮太郎（2019）「企業関係者と日本語教育関係者の協働による外国人エンジニアのための環境整備-企業研修を中心に-」『2019年度日本語教育学会春季大会予稿集』53-62.

厚生労働省（2019）「外国人雇用状況の届出状況」（令和元年10月末現在）
https://www.mhlw.go.jp/stf/newpage_09109.html
（2020年3月26日照会）

本書は、すでに出版されている『ビジネスコミュニケーションのためのケース学習【教材編】』（2013 ココ出版）と『ビジネスコミュニケーションのためのケース学習【解説編】』（2015 ココ出版）、『ビジネスコミュニケーションのためのケース学習 2【教材編】』（2019 ココ出版）に続くものです。

本書では、これまでの教材になかった新たなタスクを考案（★）しました。さらに学習を活性化し、深め、発展させることをねらいとしています。新たなタスクを加えたことで、ケースへの状況理解を助け、対話を通して学び手が自己認識を深め、また自身の現実に結び付けやすくしました。

12のケース

12のケースは、筆者らが中国、フランス、日本国内で行ったインタビュー調査をもとに書きました。教材化にあたり、人物や場所が特定されないよう部分的な修正を加えていますので、事実そのものではありませんが、インタビュー内容から得た職場内や仕事に関連する場でのトラブル状況については実際のものです。

◎ **学習レベル**

本ケースは、文法、文型からみると初級レベルです。ただし、使用した語彙については、日常生活や仕事場面でよく使用されるものですので、一般的な見方をすればレベルの高い語彙だと感じるかもしれません。しかし、学習者にとってよく耳にし、使用頻度が高いと予想されるものは、決して高いレベルのことばではありません。

語彙リスト

語彙リストは、各課のケース中で使用される語彙のうち、一般的な日本語教育を受けた初級レベルの学習者にとって未習の語彙やビジネス場面に必要性の高い語彙を抽出し、辞書的な解説と、この場面にそった解説を示しました。

キーワード ★

キーワードは、ケースの本文に出てくることばを取り上げたものです。各自ことばの意味を調べたり、他の人と話しあいながら、ケースの文脈を想像できるようにしました。

ウォーミングアップ ★

　本書では、初めてケース学習を経験する方々のために、ケースの内容理解の助けになるよう、会話形式のウォーミングアップを設けました。この会話は、外国人または日本人の先輩社員と後輩社員が日常で行うようなものを想定しました。言いさしや曖昧な表現など、できるだけ日本語の自然会話に近いものとしました。

タスクシート　討論のための設問★

❶　このケースの場面を図にしてみましょう。（人の関係図や場面の流れ）
❷　それぞれの気持ち（心の声）を想像してみましょう。
❸　この状況で何が問題だと考えますか。
❹　この問題の解決策について話し合ってみましょう。どんな方法があるでしょうか。
❺-1　このケースについて話し合ったことを振り返り、あなたから○○さんへメールを書いてください。（グループで学ぶ人へ）
❺-2　さらに深く考えてみましょう。（一人で学ぶ人へ）

ケースの背景

　各ケースの元になった事実を簡単に解説した部分です。教師やファシリテーターから学習者への情報提供として使用できます。たとえば、ケース読解を事前課題として授業を開始する際に、学習者が個々に描いてきたケース場面のイメージをよりリアルにさせる意味で、この部分を使って教師やファシリテーターから解説することができます。あるいは、学習の振り返りの際のきっかけとしても使用できます。

コラム：深掘りしてみよう　★

　ケースの内容に関連するトピックを取り上げ、その背景や意味について掘り下げて考えるためのものです。

応用タスク　★

　ケースに描かれた状況を学び手が置かれている現実（職場や実践）に結び付けて、問題を発見したり、問題解決のための行動を取ったり、他者との対話を促すためのものです。

本書で学ぶみなさんへ

日本人（社員）と外国人（社員）が対話を通して、
異文化理解を深めながら、ビジネスコミュニケーションを学ぶ。

　本書は、「ケース学習」を通して、ビジネスコミュニケーションを学ぶための教材です。「ケース学習」とは、実際に職場で生じたトラブルや摩擦（コンフリクト）をもとにケース教材を使用して、問題の発見と解決方法について他者と討論し、他者と共にできるだけ多くの解決策を見出す一連のプロセスを内省する学習方法です。ケース教材の内容について、同じ職場で働く同僚や先輩と話し合ったり、一人で考えを深めたりしながら、仕事の実践を振り返ることができるように作られています。

● 本書の特長

◎ 12のケース教材と多様なタスク

　12のケースは、大きく、業務中のコンフリクト（テーマ１）と、社内で戸惑うルールや文化の違い（テーマ２）に分けて構成されています。各ケース教材には、ケース学習に入る前や、ケース学習の後に行えるよう、ケース学習のための設問、多様なタスクが含まれています。

■ ［キーワード］［ウォーミングアップ］

　ケース学習に入る前に、ケース教材の本文で出てくる［キーワード］を提示し、これを手がかりにケースの内容理解へとつなげるようにしました。また、会話形式の［ウォーミングアップ］を提示し、ケース本文の読解への導入となるようにしました。

■ ［タスクシート］

　ケース学習には、討論のための設問が設けられています。ケースを読んで、自分の考えをメモし、その考えを、一緒に学習している人と話し合って比べてみてください。一つの答えを見つけるためではなく、できるだけ複数の人の考えも受け入れ、ともに考え合い新たな視点を見出し、できるだけ多くの解決策の選択肢をもつためです。グループで学ぶ人にとっても、一人で学ぶ人にとっても、このような学び方ができるように設問を示しています。

❶　このケースの場面を図にしてみましょう。（人の関係図や場面の流れ）
❷　それぞれの気持ち（心の声）を想像してみましょう。
❸　この状況で何が問題だと考えますか。
❹　この問題の解決策について話し合ってみましょう。どんな方法があるでしょうか。
❺-1　このケースについて話し合ったことを振り返り、あなたから○○さんへメールを書いてください。（グループで学ぶ人へ）
❺-2　さらに深く考えてみましょう。（一人で学ぶ人へ）

■ ［CASEの背景］［コラム：深掘りしてみよう］［応用タスク］

　［CASEの背景］は、各ケースの元になった事実を簡単に解説した部分です。学習の振り返りの際のきっかけとして使用することができます。

　［コラム：深掘りしてみよう］は、ケースの内容に関連するトピックを取り上げ、その背景や意味について掘り下げて考えるためのものです。必要に応じて、周りの日本人または外国人仲間と話し合ってみるといいでしょう。

　［応用タスク］は、ケースに描かれた状況を学び手が置かれている現実（職場や実践）に結び付けて、問題を発見したり、問題解決のための行動を取ったり、他者との対話を促すためのものです。

CONTENTS

本書の構成

本書は、実際に職場で生じたトラブルや摩擦（コンフリクト）を題材にした、12のケースからなります。1つのケースは、10ページで構成されています。

- 1ページ目 ⸺⸺⸺ キーワード／ウォーミングアップ
- 2ページ目 ⸺⸺⸺ 本文
- 3ページ目 ⸺⸺⸺ 本文　語彙リスト
- 4ページ目 ⸺⸺⸺ 本文　英語訳
- 5〜8ページ目 ⸺⸺⸺ タスクシート
- 9ページ目 ⸺⸺⸺ CASEの背景
- 10ページ目 ⸺⸺⸺ コラム「深掘りしてみよう」／応用タスク

●1〜2ページ目

キーワード／ウォーミングアップ
ケースの本文を読む前に、[キーワード]や会話形式の[ウォーミングアップ]を読んで想像力をはたらかせることで、スムーズに本文の内容理解ができます。

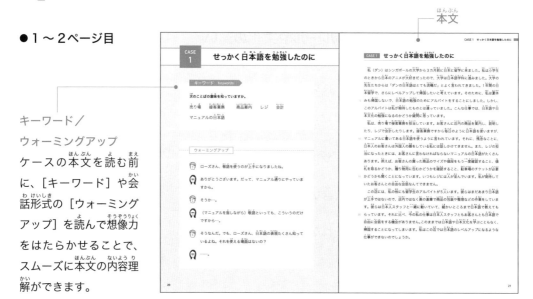

●3〜4ページ目

本文　語彙リスト
一般的な日本語教育を受けた初級レベルの学習者にとって未習の語彙やビジネスシーンで必要性の高い語彙について、場面にそった解説をしています。

● 5〜8ページ目

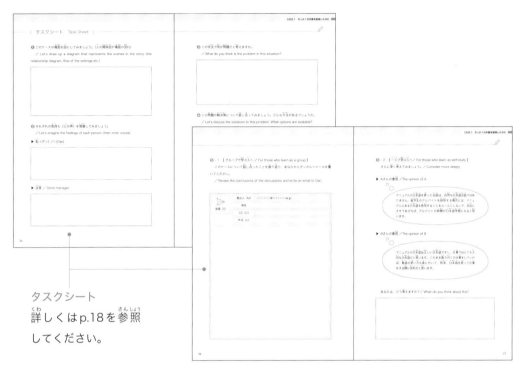

タスクシート
詳しくはp.18を参照
してください。

● 9〜10ページ目

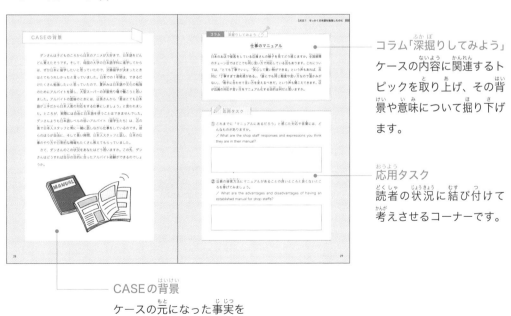

コラム「深掘りしてみよう」
ケースの内容に関連するト
ピックを取り上げ、その背
景や意味について掘り下げ
ます。

応用タスク
読者の状況に結び付けて
考えさせるコーナーです。

CASEの背景
ケースの元になった事実を
簡単に解説しています。

タスクシートの使い方

職場で生じるトラブルや摩擦（コンフリクト）に対して、一つの答えを見つけるのではなく、ともに考え合って新たな視点を見出し、できるだけ多く解決のための選択肢をもつことができるよう、「タスクシート」を設けています。

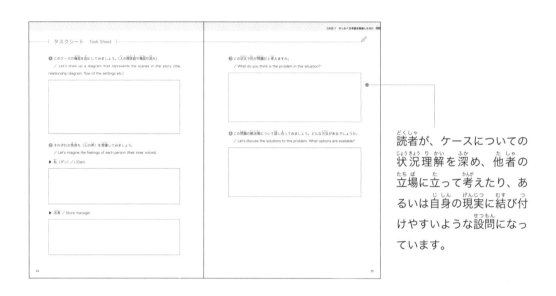

読者が、ケースについての状況理解を深め、他者の立場に立って考えたり、あるいは自身の現実に結び付けやすいような設問になっています。

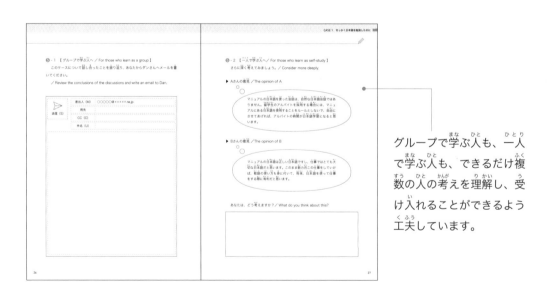

グループで学ぶ人も、一人で学ぶ人も、できるだけ複数の人の考えを理解し、受け入れることができるよう工夫しています。

業務中のコンフリクト

ダイバーシティの職場では、小さなトラブルや摩擦が起こるのは日常茶飯事。

テーマ1ではおもに、仕事の指示や進め方に関して起こるコンフリクトなど、実際に業務をするなかで生まれる "モヤモヤ" を取り上げます。

どうしたら "モヤモヤ" を解消できるか、一緒に考えていきましょう。

ジムさん
日本で働いている
先輩社員

ローズさん
日本で働いている
ジムさんの後輩

せっかく日本語を勉強したのに

次のことばの意味を知っていますか。

売り場　　接客業務　　商品案内　　レジ　　会計

マニュアルの日本語

---- ウォーミングアップ ----

ローズさん、敬語を使うのが上手になりましたね。

ありがとうございます。だって、マニュアル通りにやっていますから。

そうか…。

（マニュアルを指しながら）敬語といっても、こういうのだけですから…。

そうなんだ。でも、ローズさん、日本語の表現たくさん知っているよね。それを使える場面はないの？

……。

CASE 1　せっかく日本語を勉強したのに

　　私（ダン）はシンガポールの大学から3カ月前に日本に留学に来ました。私は小学生のときから日本のアニメが大好きだったので、大学は日本語学科に進みました。大学の先生たちからは「ダンの日本語はとても流暢だ」とよく言われてきました。1年間の日本留学で、さらにレベルアップして帰国したいと考えています。そのために、私は夏休みも帰国しないで、日本語の勉強のためにアルバイトをすることにしました。しかし、このアルバイトは私が期待したものとは違っていました。こんな仕事では、日本語や日本文化の勉強になるのかどうか疑問に思っています。

　　私は、売り場で接客業務を担当しています。お客さんに店内の商品を案内し、説明したり、レジで会計したりします。接客業務ですから毎日のように日本語を使いますが、マニュアルに書いてある日本語を使うように言われています。それに、残念なことに、日本人のお客さんは外国人の顔をしている私には話しかけてきません。また、レジの担当になったときには、お客さんに言わなければならないマニュアルの日本語がたくさんあります。例えば、お客さんの買った商品のサイズや値段をもう一度確認すること、値札を取るかどうか、贈り物用に包むかどうかを確認すること、駐車場のチケットが必要かどうかも聞くことになっています。いつもレジには人が並んでいます。私が期待していたお客さんとの自由な会話なんてできません。

　　この店には、私の他にも留学生のアルバイトが5人います。彼らはまだあまり日本語が上手ではないので、店内ではなく奥の倉庫で商品の包装や整理などの作業をしています。彼らは日本人スタッフと一緒に動いていて、細かいところまで日本語で教えてもらっています。それに比べ、今の私の仕事は日本人スタッフともお客さんとも日本語で自由に会話をする機会がありません。このままでは日本語や日本文化を学ぶこともなく、帰国することになってしまいます。私はこの店では日本語のレベルアップになるような仕事ができないのでしょうか。

語彙リスト　Vocabulary List

行	日本語	読み方	英語
3	流暢（な）	りゅうちょう（な）	fluent
4	さらに	さらに	further
	レベルアップする	れべるあっぷする	improve
	帰国する	きこくする	go back home
5	アルバイト	あるばいと	part-time job
6	期待する	きたいする	expect
7	文化	ぶんか	culture
	〜かどうか疑問に思う	〜かどうかぎもんにおもう	afraid 〜
10	マニュアル	まにゅある	manual
	〜ように言われる	〜ようにいわれる	be instructed to　〜
	残念なことに	ざんねんなことに	what is worse
11	外国人の顔をしている	がいこくじんのかおをしている	foreign appearance
	話しかける	はなしかける	talk to
13	もう一度確認する	もういちどかくにんする	double-check
	値札	ねふだ	price tag
14	駐車場のチケット	ちゅうしゃじょうのちけっと	parking voucher
16	自由な会話	じゆうなかいわ	free conversation
18	倉庫	そうこ	warehouse
	包装する	ほうそうする	wrap
20	それに比べ	それにくらべ	compared to that

英語訳　English Translation

Although I studied Japanese

I(Dan) came to Japan three months ago as an exchange student from the university in Singapore. I major in Japanese language at the university, because I am a big fan of Japanese anime since I was in primary school. Teachers at the university often commended my Japanese as "very fluent", and now I hope to improve my Japanese further through this one-year life in Japan. For this purpose, I chose to remain in Japan during summer instead of going back home, and took up a part-time job to polish my Japanese. However, the part-time job did not go as I expected. I'm afraid I cannot learn Japanese language or culture so much through this job.

In my part-time job, I serve customers in many ways. Sometimes I find or explain products sold in the shop, and other times I work as a cashier. As I attend customers, I use Japanese every day, but I am instructed to use sentences prepared in the manual. What is worse, Japanese customers avoid talking to me because of my foreign appearance. Also, there are many phrases in the manual I need to tell customers when I work as a cashier. For example, I need to ask customers to double-check the product type and size the customer is about to purchase, check whether the customer wants the price tag removed, or whether they are gifts for someone, and ask whether the customer needs parking voucher. The cashier is very busy, as there is always a line in front of it. There is no time to enjoy free conversations with customers, which is what I expected.

Besides me, there are five international students working as part-time shop staff. They are in charge of wrapping and sorting products in the warehouse behind the shop, because their Japanese is not fluent yet. They work with other Japanese staffs and receive detailed instructions in Japanese. Compared to that, my present job does not offer any opportunity for free conversations with Japanese staffs or customers. If this situation goes on, I will return home without learning any new Japanese phrases or culture. Am I going to be like this so long as I work in this shop, not being able to improve my language skill?

❶ このケースの場面を図にしてみましょう。（人の関係図や場面の流れ）

／ Let's draw up a diagram that represents the scenes in the story (the relationship diagram, flow of the settings etc.)

```



```

❷ それぞれの気持ち（心の声）を想像してみましょう。

／ Let's imagine the feelings of each person (their inner voices).

▶ 私（ダン）／ I (Dan)

```



```

▶ 店長 ／ Store manager

```



```

❸ この状況で何が問題だと考えますか。

／ What do you think is the problem in this situation?

❹ この問題の解決策について話し合ってみましょう。どんな方法があるでしょうか。

／ Let's discuss the solutions to this problem. What options are available?

❺-1 【グループで学ぶ人へ ／ For those who learn as a group 】

このケースについて話し合ったことを振り返り、あなたからダンさんへメールを書いてください。

／ Review the conclusions of the discussions and write an email to Dan.

送信（S）	差出人（M）	○○○○○@×××××.ne.jp
	宛先	
	CC（C）	
	件名（U）	

⑤-2 【一人で学ぶ人へ／For those who learn as self-study】

さらに深く考えてみましょう。／Consider more deeply.

▶ Aさんの意見／The opinion of A

マニュアルの日本語を使った会話は、自然な日本語会話ではありません。留学生のアルバイトを採用する場合には、マニュアルにある日本語を使用することをルールとしないで、自由にさせてあげれば、アルバイトの時間が日本語学習になると思います。

▶ Bさんの意見／The opinion of B

マニュアルの日本語は正しい日本語ですし、仕事ではとても大切な日本語だと思います。このまま数カ月この仕事をしていけば、敬語の使い方も身に付いて、将来、日本語を使って仕事をする際に有利だと思います。

あなたは、どう考えますか？／What do you think about this?

　ダンさんは子どものころから日本のアニメが大好きで、日本語をどんどん覚えたそうです。そして、母国の大学の日本語学科に進学してからは、ぜひ日本に留学したいと思っていたので、交換留学が決まったときはとてもうれしかったと言っていました。日本での１年間は、できるだけたくさん勉強したいと思っていたので、夏休みは日本語や文化の勉強のためにアルバイトを探し、大型スーパーの洋服売り場で働こうと思いました。アルバイトの面接のときには、店長さんから「君はとても日本語が上手だから日本人客の対応をする仕事にしましょう」と言われました。ところが、実際には自由に日本語を使うことはできませんでした。ダンさんよりも日本語レベルの低いアルバイト（留学生たち）は、店の奥で日本人スタッフと常に一緒に話しながら仕事をしているのです。彼らのほうが自由に、そして長い時間、日本人スタッフと話し、日本の仕事のやり方や日常的な情報もたくさん教えてもらっていました。

　さて、ダンさんのこの状況をあなたはどう思いますか。この先、ダンさんはどうすれば自分の目的に合ったアルバイト経験ができるのでしょうか。

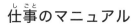

コラム	深掘りしてみよう

仕事のマニュアル

日本のお店で接客をしている店員さんの様子を見てどう感じますか。全国展開のチェーン店ではどこでも同じ言い方で対応している店もあります。これについては、「とても丁寧でいい」、「安心して買い物ができる」という声もあれば、反対に「丁寧すぎて違和感がある」、「誰にでも同じ態度や言い方なので温かみがない」、「相手に合わせて言い方を変えるべきだ」という声も聞こえてきます。店が店員の対応や言い方をマニュアル化する目的は何だと思いますか。

応用タスク

① これまでに「マニュアルにあるだろう」と感じた対応や言葉には、どんなものがありますか。
／ What are the shop staff responses and expressions you think they are in their manual?

② 店員の接客方法にマニュアルがあることの良いところと良くないところを挙げてみましょう。
／ What are the advantages and disadvantages of having an established manual for shop staffs?

それって指示ですか

次のことばの意味を知っていますか。

指示　　独り言　　商社　　取引先　　訪問

------ ウォーミングアップ ------------------------------------

ローズさん、もう仕事には慣れましたか？

はい、だんだん自分一人でできるようになってきました。でも、種類が多いので…。

そうだろうね。私も最初は何も分からなくて、全部日本人に聞いていたよ。何がいちばん難しい？

今いちばん難しいのは、指示なのかどうか、分からないときです。

えっ？　それってどんなとき？

CASE 2　それって指示ですか

　私は韓国の日系企業の機械専門商社で働く鄭です。ここに勤めて3カ月が経ちますが、まだまだ慣れないことが多いです。しかし、仕事は日本語を使った事務書類の作成や通訳が多く、大学時代に学んだことが生かせるので、毎日やりがいを感じています。隣の席の先輩の西田さんは、いつも私を気遣ってくださり、仕事の細かいところも優しく教

5　えてくださいます。西田さんはソウルに来てまだ半年です。そんな西田さんのことを信頼していましたが、実は、私は西田さんのことをまだ理解できていないことに気づきました。今後のことが不安です。

　先日、西田さんが「鄭さん、センムルテクノロジー社まではここから40分ぐらいかな」と聞いてきたので、私は「はい、そう思います」と答えました。西田さんは、その時は

10　「そうかあ」と言って仕事を続けました。その数分後にも、「来週の月曜日、センムルテクノロジー社とハヌルテクノロジー社を訪問しようと思うんだけど、ハヌル社を先に訪問したほうが交通の便はいいかなあ」とパソコンを見ながら私に言うので、私はまた「そう思いますねえ」と答えました。

　すると、西田さんは急にパソコンの手を止めて私のほうに顔を向けて、「鄭さんは『そ

15　う思います』だけなんだね」と言うのです。いつもの西田さんの声より強い感じに聞こえたので私は驚きました。でも、西田さんは、さっきパソコンを見ながら話していましたし、まるで独り言のように言っていました。あとになって、そう言われても私は何を言えばいいのか分からなくて、だまってしまいました。すると、西田さんは、今度は「鄭さんなら調べられるでしょ？　調べてほしかったのに」と言ってため息をつきまし

20　た。

　最初、西田さんは軽い言い方でしたし、西田さんから私への指示はありませんでした。それなのに、なぜ後になってあのように言うのでしょうか。西田さんは不思議な人です。私はこの先、西田さんとうまく仕事をしていくことができるのでしょうか。

語彙リスト　Vocabulary List

行	日本語	読み方	英語
1	機械専門商社	きかいせんもんしょうしゃ	trading company specializing in machinery
2	慣れる	なれる	get used to
	通訳する	つうやくする	interpret
3	大学時代に学んだこと	だいがくじだいにまなんだこと	what I learned at university
	やりがいを感じる	やりがいをかんじる	feel rewarding
	隣の席の先輩	となりのせきのせんぱい	senior person sitting next to me
4	気遣う	きづかう	care
	優しく教える	やさしくおしえる	kindly teach
5	信頼する	しんらいする	trust
6	実は	じつは	actually
	理解する	りかいする	understand
	気づく	きづく	realize
10	数分後	すうふんご	a few minutes later
16	驚く	おどろく	take aback
17	独り言のように	ひとりごとのように	talk to oneself
	何を言えばいいのか分からない	なにをいえばいいのかわからない	I don't know what to say
19	調べる	しらべる	look up
	ため息をつく	ためいきをつく	sigh
21	最初	さいしょ	at first
	軽い	かるい	lightheartedly
22	不思議な人	ふしぎなひと	strange person
23	～とうまく仕事をする	～とうまくしごとをする	work on good terms with ～

英語訳　English Translation

Is that an instruction?

　I'm Jung, working for a Japanese trading company in Korea specializing in machinery. I have been working here for three months now, and I'm still getting used to it. However, I feel the work rewarding every day because I can use what I learned at university as it involves a lot of paperwork and interpreting in Japanese. Mr. Nishida, the senior person sitting next to me, always cares about me and kindly teaches me the job in detail. He has been in Seoul only for half a year, and yet, I trusted him. However, I realize that I never actually understood him. I'm worried about what it's going to be like in the future.

　The other day, Mr. Nishida asked me, "Jung, is it about 40 minutes from here to Senmul Technology?" and I answered, "Yes, I think so." Mr. Nishida said, "I see." and got back on his job. A few minutes later, he asked me again, looking at his computer screen, "I'm thinking of visiting Senmul Technology and Hanul Technology next Monday. Is it better to visit Hanul first in terms of accessibility by public transport?" I answered, "Well, I think so."

　Then Mr. Nishida suddenly stopped working on his computer, turned to me and said, "You just keep saying, 'I think so', Jung." I was taken aback because his tone of voice sounded stronger than usual. Earlier, Mr. Nishida was talking while looking at his computer as if he was talking to himself. I didn't know what to say and didn't say anything. Then, Mr. Nishida said, sighing, "You can look it up, right, Jung? I wanted you to look it up."

　At first, Mr. Nishida talked to me lightheartedly, and he didn't give me any instruction. So why did he say something like that later on? He is a strange person. I wonder I will be able to work on good terms with him in the future.

❶ このケースの場面を図にしてみましょう。（人の関係図や場面の流れ）

／ Let's draw up a diagram that represents the scenes in the story (the relationship diagram, flow of the settings etc.)

❷ それぞれの気持ち（心の声）を想像してみましょう。

／ Let's imagine the feelings of each person (their inner voices).

▶ 私（鄭）／ I (Jung)

▶ 西田さん／ Mr.Nishida

❸ この状況で何が問題だと考えますか。

／ What do you think is the problem in this situation?

┌───┐
│   │
│   │
│   │
│   │
│   │
│   │
└───┘

❹ この問題の解決策について話し合ってみましょう。どんな方法があるでしょうか。

／ Let's discuss the solutions to this problem. What options are available?

┌───┐
│   │
│   │
│   │
│   │
│   │
│   │
└───┘

❺-1　【 グループで学ぶ人へ ／ For those who learn as a group 】

　このケースについて話し合ったことを振り返り、あなたから鄭さんへメールを書いてください。

　／ Review the conclusions of the discussions and write an email to Jung.

▷ 送信（S）	差出人（M）	○○○○○@×××××.ne.jp
	宛先	
	CC（C）	
	件名（U）	

❺-2　【一人で学ぶ人へ／ For those who learn as self-study 】
さらに深く考えてみましょう。／ Consider more deeply.

▶ Aさんの意見 ／The opinion of A

鄭さんは上司から聞かれたことに対して、「イエス」か「ノー」だけ答えてしまって、その問い掛けの意図をきちんと理解しようとしていなかったのが問題だったのだろうと思います。

▶ Bさんの意見 ／The opinion of B

鄭さんは勤めて３カ月の新入社員で、西田さんの仕事の仕方にまだ慣れていない可能性もありますよね。今後、一緒に仕事をしていく上でいい関係を築いていくには、上司の方から若手社員に歩み寄る姿勢が必要なのではないでしょうか。

あなたは、どう考えますか？／ What do you think about this?

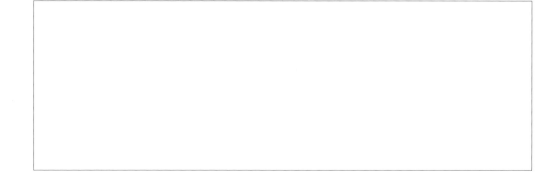

　鄭さんは、韓国の大学の日本語学科を卒業して、第一希望の日系企業に就職することができました。仕事を覚えるのは大変ですが、周囲の先輩たちに細かいところまでいろいろ教えてもらいながら毎日努力をしてきました。とくに日本語については、日本人の西田さんがそばにいてくれるので、いつも西田さんに教えてもらっていました。ところが、先日、西田さんは、急に不機嫌になりました。鄭さんはその直前のことを思い出してみましたが、自分のどこが悪かったのかが分からず、ずっと考えていたそうです。西田さんが鄭さんに言ったことばの中に、鄭さんの理解とは違った意味が含まれていたようですが、まったく気づかなかったと言っていました。

　さて、皆さんはこの二人のやり取りをどう思いますか。西田さんが急に態度を変えたのは、どうしてなのでしょうか。鄭さんと西田さんはこれからどうしたら、うまく仕事をしていけるのでしょうか。

コラム　深掘りしてみよう

ことばに含まれる意味

日本語には、「気が利く人」「察しがいい人」という表現があります。文化や価値観が共通している場合、「普通こうするだろう」「これが常識だ」という予想も共通しているので、その予想どおりか、それ以上のことができる人のことを「気が利く人」「察しがいい人」というのです。しかし、文化を共有していない異文化同士では、お互いに相手が言いそうなことやこれからの行動の予測が同じではありません。異文化衝突とは、お互いが文化を共有していないことに気づかないから起きてしまうトラブルなのではないでしょうか。

応用タスク

① あなたが体験したり、人から聞いたりした日本語の表現で、意味がはっきり分からないものがありますか。

／ Is there any Japanese expression that you have experienced or heard from others, the meaning of which is unclear to you?

② 「空気を読む」「行間を読む」とはどんな意味だと思いますか。

／ What do you think it means to "read the air" or "read between the lines"?

表情が見えない会議なんて

次のことばの意味を知っていますか。

食品メーカー　　現地法人　　リモートワーク　　対面勤務

丁寧な話し方

ウォーミングアップ

 ジムさん、最近、目が疲れませんか。

 そうだね、リモートワークだからね。テレビやスマホなんて見たくないぐらい。

 やっぱり、オフィスでみんなの顔を見て対面勤務するのがいいですよ。私の場合、まだ言葉のこともありますしね。

 言葉のことって？　意味が分からないとか？

 ええ、それもありますけど、意味より気持ちが分からないっていうか…。

CASE 3 表情が見えない会議なんて

　私（マティアス）は日本の食品メーカーに勤務しています。自国の大学で日本の文化を勉強して、1年間日本での留学を経験したので、日本語と英語を使って日本と海外の架け橋になるような仕事に就きたいと思っていました。

　現在、入社1年目で、海外営業チームで展示会の企画や出展に関わる仕事をしています。海外の現地法人とのやり取りをする時は英語を使っていますが、そのほかは日本語だけで仕事をしています。

　優しい同僚に恵まれ、仕事にもだんだん慣れてきましたが、丁寧な日本語表現についてはまだまだ苦労します。働き始めたころは、相手に失礼な言い方になっていないかを意識しすぎて、結局何も言えなくなることもありました。

　反対に、丁寧に話したほうがいいと思って年齢の近い先輩の森田さんにも頑張って敬語で話していると、「その話し方だと、なかなか友達になれないな」と言われることもあります。先輩なのに、敬語を使わなくてもいいものなんでしょうか。そこが難しいので、そこは相手の表情から判断していくしかないなと思い始めていたところでした。それなのに、新型コロナウイルス感染症流行によって、リモートワークをするようになってからコミュニケーションがさらに難しくなりました。

　週1回の部門会議もオンラインで行っていますが、20人くらいの社員が画面に顔を出さずに声だけで参加しています。そんな状況で、意見を求められても自分の日本語が聞いている人にどう伝わっているのか心配になります。もちろん、コロナ禍という特殊な状況の中で、社内のSNSやメール、電話では、用件をなるべく短く伝えるようにしています。

　対面勤務に戻ったらまた敬語を使わないといけないので、うまく使えるかどうか心配しています。しばらくは非対面での連絡が続いていくと思いますが、私は丁寧な話し方ができるようになるのでしょうか。

語彙リスト　Vocabulary List

行	日本語	読み方	英語
1	～に勤務する	～にきんむする	work for ～
2	日本と海外の架け橋	にほんとかいがいのかけはし	bridge between Japan and overseas
4	入社1年目	にゅうしゃ1ねんめ	the first year since I joined the company
7	～に恵まれる	～にめぐまれる	blessed with ～
	だんだん慣れてくる	だんだんなれてくる	gradually become accustomed to
	丁寧（な）	ていねい（な）	polite
9	意識しすぎる	いしきしすぎる	be excessively concerned with
10	反対に	はんたいに	conversely
	年齢の近い先輩	ねんれいのちかいせんぱい	senior colleague near my age
	敬語	けいご	honorific expression
13	判断する	はんだんする	judge
	それなのに	それなのに	nevertheless
14	新型コロナウイルス感染症	しんがたころなういるすかんせんしょう	COVID-19
	リモートワークをする	りもーとわーくをする	work from home
16	部門会議	ぶもんかいぎ	division meeting
	顔を出す	かおをだす	present one's face
17	参加する	さんかする	participate
18	心配になる	しんぱいになる	get anxious
	もちろん	もちろん	of course
19	社内	しゃない	in-house
21	対面勤務	たいめんきんむ	face-to-face working style
	～に戻る	～にもどる	back to ～
22	しばらく	しばらく	for a while
	続く	つづく	continue

Non face-to-face meetings

I (Mathias) work for a food manufacturer in Japan. I intended to get a job as a bridge between Japan and overseas, making the best use of my Japanese and English skill since I learned Japanese culture at a university in my home country and studied in Japan for a year as well.

As of now in the first year since I joined the company, I have been involved with a job with regard to planning exhibitions and displays as a member of overseas sales team. I usually speak in Japanese during work hours except for communicating with colleagues based overseas.

Even though I have gradually become accustomed to my job blessed with kind colleagues, it's still difficult for me to figure out polite expressions of Japanese. When I started to work for the company, I had difficulty expressing my feelings, being excessively concerned with how my words were perceived by others.

Conversely, when I talked with Mr.Morita who is a senior colleague near my age, with overly polite words, he indicated that "such a way of speaking might be an obstacle for you to make friends." Is it acceptable to talk with a senior without honorific expression? It's a difficult point and I came to think that whether to use honorific expression might better be judged by the other's facial expressions. Nevertheless, it has become more difficult for me to communicate with colleagues since we were instructed to work from home due to COVID-19.

About 20 staff members participate in division meetings held online weekly just by voice without presenting their face on the screen. If asked for opinions in such situations, I get anxious how my opinion in Japanese is understood by others. Of course, I always try to convey my messages as short as possible by in-house SNS, e-mail and phones, amid this this particular situation due to COVID-19.

Since I have to use polite expressions again when I back to the face-to-face working style, I'm concerned with whether I can use the honorific expressions appropriately. As the non-face-to-face communication will continue for a while, is it possible for me to acquire polite way of speaking?

❶ このケースの場面を図にしてみましょう。（人の関係図や場面の流れ）

／ Let's draw up a diagram that represents the scenes in the story (the relationship diagram, flow of the settings etc.)

```
┌─────────────────────────────────────────────┐
│                                             │
│                                             │
│                                             │
│                                             │
│                                             │
│                                             │
│                                             │
│                                             │
└─────────────────────────────────────────────┘
```

❷ それぞれの気持ち（心の声）を想像してみましょう。

／ Let's imagine the feelings of each person (their inner voices).

▶ 私（マティアス）／ I (Matthias)

```
┌─────────────────────────────────────────────┐
│                                             │
│                                             │
│                                             │
│                                             │
│                                             │
└─────────────────────────────────────────────┘
```

▶ 森田さん ／ Mr.Morita

```
┌─────────────────────────────────────────────┐
│                                             │
│                                             │
│                                             │
│                                             │
│                                             │
└─────────────────────────────────────────────┘
```

❸ この状況で何が問題だと考えますか。

／ What do you think is the problem in this situation?

❹ この問題の解決策について話し合ってみましょう。どんな方法があるでしょうか。

／ Let's discuss the solutions to this problem. What options are available?

❺-1 【 グループで学ぶ人へ ／ For those who learn as a group 】

　このケースについて話し合ったことを振り返り、あなたからマティアスさんへメールを書いてください。

　／ Review the conclusions of the discussions and write an email to Matthias.

送信（S）	差出人（M）	○○○○○@×××××.ne.jp
	宛先	
	CC（C）	
	件名（U）	

❺-2　【一人で学ぶ人へ／ For those who learn as self-study 】

さらに深く考えてみましょう。／ Consider more deeply.

▶ Aさんの意見 ／The opinion of A

オンラインでの会議が多くなって、画面をオフにして参加する人が多いですよね。私はあまり賛成ではありません。だって、相手の表情がわからないからです。話し合いって、表情を見ながら議論を進めるものだと思います。

▶ Bさんの意見 ／The opinion of B

画面をオンにする必要は特にないと思います。社内で一つのスクリーンを複数で見ているときもあって、画面に全員が入りきれません。また、自宅からつないでいる場合は、部屋の様子が見えてしまうので、ちょっと恥ずかしいです。

あなたは、どう考えますか？／ What do you think about this?

　マティアスさんは、大学時代に自国の大学で日本の文化を勉強し、日本留学の経験もあって、日本語に堪能でした。日本語の丁寧さによる表現の使い分けには敏感だと言っていました。

　一方、リモートワークになって、オンライン会議だけでなく、メールや電話などの非対面でのコミュニケーションが多くなったことで、コミュニケーションの取り方が変化したと言います。長く丁寧に書いていると内容が伝わらないため、できるだけ短く用件のみを書くようになったのです。それでも、今後、出社して対面でのコミュニケーションの時はどうすればいいかと言っていました。

　相手の反応が見えない状況でのオンライン会議ツールや社内SNSなどでのコミュニケーションの場で、その場の状況を想像して、意見を言うのはとても難しいと話していました。マティアスさんはこれから、この問題にどう対応していけばいいのでしょうか。

コラム 深掘りしてみよう

日本語の丁寧さ

日本語の丁寧さは、語彙を入れ替えるだけでなく、人間関係の親しさで判断されることが多いです。例えば、社内の先輩には敬語を使うのですが、だんだん親しくなってくると、使いすぎることでかえって相手との距離感が縮まりにくくなります。話し言葉と書き言葉の違いもあり、相手と親しくなっても、書くときには話すときほど言葉の丁寧さを崩さないものです。ただし、会社によって言葉遣いのルールがあるかもしれませんので、よく観察し、親しい人にも聞くといいですよ。

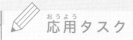

応用タスク

① あなたの母語では、相手との人間関係によって話し方が変わりますか。これまで学んだことのある言語の中で、そのような例があるかどうか考えてみましょう。

／ In case of your mother tongue, does a way of speaking differ depending on a relationship with the other person? Let's consider whether there are such examples among languages ever learned.

② あなたはリモートワークを経験していますか。その際に、職場やチームでのコミュニケーションの取り方はどのように変わりましたか。

／ Do you have any experiences of work remotely(work-from-home)? In that case, how does the way of communication change in the workplace and your team?

CASE 4　業務の効率化につながっていますか

キーワード　Keywords

次のことばの意味を知っていますか。

業務の効率　　リモートワーク　　業務報告　　メール

営業事務

---------　ウォーミングアップ　---------

ローズさん、またレストランでランチしたいね。

はい、いろいろ先輩に話したいことがたまってきました。

私も。リモートワークになってから前より忙しくなった気がするよ。だって、いちいち書くでしょう。

そうなんです。リモートワークをするようになってから、ぜったいに書くこと増えましたよ。なんだか業務効率が悪いようで心配になります。

うん、たぶん悪いよ。でも、なんで……。

CASE 4　業務の効率化につながっていますか

　私（トン）は、自国の大学で日本語を勉強して、1年間日本の大学に留学しました。卒業後、今の会社に5年前に入社しました。日本語を使って働けるようになったので満足しています。

　私が勤めている会社は、ある部品を製造する事業を行っていますが、私は営業事務として営業チームをサポートする仕事をしています。チーム内には外国人社員は私一人ですが、同僚や先輩に恵まれ、仕事についての相談もしやすい環境で働いています。また、社内の外国籍社員たちとも日頃からよくコミュニケーションをとってきました。しかし、新型コロナウイルス感染症拡大に伴い、リモートワークが始まってからは、メールで業務報告を済ませることが多くなりました。これについては、疑問に思うことがありました。

　私の部署では毎日、始業前と終業前に、上司の黒田さんに業務報告を書くというルールになっていました。仕事のはじめと終わりと言っても、実際には、記入様式が時間単位で記す形式になっているので、忘れないように、業務とほぼ同時進行で報告書に記入していました。出勤していれば、直接一言で上長に伝わることも、いちいち記入しメールで報告しなければなりません。これでは、報告のプロセスが増えて、本当に業務の効率が上がっているのか、疑問に思ったのです。

　もちろん、管理する側は、こちらの業務上の行動記録を見て全体のスケジュールの組みなおしをしていると思いますが、こちらの行動を実際に見ることなくこれまでと同じ質の評価ができるのだろうか、と思います。また、本当に業務効率の向上につながっているのかわかりません。今後、メールでは内容報告がしづらい業務の管理や評価は、どうなっていくのでしょうか。

語彙リスト　Vocabulary List

行	日本語	読み方	英語
	業務の効率化	ぎょうむのこうりつか	enhancement of operational efficiency
	つながる	つながる	result in
2	入社する	にゅうしゃする	join
	満足する	まんぞくする	be satisfied with
7	外国籍社員	がいこくせきしゃいん	foreign national employee
8	新型コロナウイルス感染症	しんがたころなういるすかんせんしょう	COVID-19
	リモートワークをする	りもーとわーくをする	work remotely
9	業務報告	ぎょうむほうこく	business report
	疑問に思う	ぎもんにおもう	have a question
11	部署	ぶしょ	division
12	時間単位	じかんたんい	in by hours
13	記す	しるす	fill
	忘れる	わすれる	forget
14	出勤する	しゅっきんする	show up
	直接	ちょくせつ	directly
15	本当に	ほんとうに	really
	効率が上がる	こうりつがあがる	improve
16	〜か、疑問に思う	〜か、ぎもんにおもう	wonder that 〜
17	管理する側	かんりするがわ	management side
	全体のスケジュール	ぜんたいのすけじゅーる	whole schedule
	組みなおしをする	くみなおしをする	revise
18	同じ質の評価	おなじしつのひょうか	evaluation with the same quality

英語訳　English Translation

Is it resulting in enhancement of operational efficiency?

I (Tong) learned Japanese at the university in my home country and studied at another university for a year in Japan. After graduating from the university, I have joined the current company 5 years ago. I'm satisfied with the fact that I have got a job that enabled me to use Japanese language.

In a company doing a business to manufacture some parts, I'm involved in a desk work section to support sales team. Even though I'm the only foreign employee within the team, I work under an environment in which I can casually consult with about my job, being blessed with good colleagues and seniors. In addition, I have usually communicated with other foreign national employees in the company. However, we start to work remotely due to COVID-19, business reports have been often completed by emails. I have a question in such a way of working.

In my division, it was a rule to make business reports to our superior, Mr.Kuroda, before starting and finishing work every day. Usually we are expected to fill in by hours, so I filled in the report almost at the same time as the progress of assignments in order not to forget. I have to make reports by emails each time, which could be notified directly to the superior in a single phrase if I show up at the office. Therefore, I wonder that whether business efficiency has been really improved while our tasks has been　increased that way.

Obviously, although I understand that management sides may have revised the whole schedule in consideration of operational behavior records, I wonder that if it is possible to conduct evaluation with the same quality as before without seeing our behaviors actually. In addition, I don't know whether it has really resulted in improvement of business efficiency. From now, how will control and evaluate tasks that might be difficult to be reported.?

❶ このケースの場面を図にしてみましょう。（人の関係図や場面の流れ）

／ Let's draw up a diagram that represents the scenes in the story (the relationship diagram, flow of the settings etc.)

```




```

❷ それぞれの気持ち（心の声）を想像してみましょう。

／ Let's imagine the feelings of each person (their inner voices).

▶ 私（トン）／ I (Tong)

```



```

▶ 黒田さん ／ Mr.Kuroda

```



```

❸ この状況で何が問題だと考えますか。

／ What do you think is the problem in this situation?

❹ この問題の解決策について話し合ってみましょう。どんな方法があるでしょうか。

／ Let's discuss the solutions to this problem. What options are available?

❺-1 【 グループで学ぶ人へ ／ For those who learn as a group 】

このケースについて話し合ったことを振り返り、あなたからトンさんへメールを書いてください。

／ Review the conclusions of the discussions and write an email to Ms.Tong.

送信（S）	差出人（M）	○○○○○@×××××.ne.jp
	宛先	
	CC（C）	
	件名（U）	

❺-2 【一人で学ぶ人へ／ For those who learn as self-study 】

さらに深く考えてみましょう。／ Consider more deeply.

▶ Aさんの意見 ／The opinion of A

出勤していたときはタイムカードで勤務管理をしていたんだから、その代わりに時間単位の勤務報告をメールで送るというのは当然なのではないでしょうか。そうしないと、管理できないと思います。

▶ Bさんの意見 ／The opinion of B

リモートワークをするようになったのだから、オフィスでやっていた仕事とは違った新しい方式に全て変更していくべきだと思います。たとえば、仕事の時間や量、進め方については独自の方法で取り組み、最終的にその仕事が完了していればいいと思います。

あなたは、どう考えますか？／ What do you think about this?

　トンさんは、日本の製造業の会社で働く入社5年目の社員です。営業事務として働くほか、社内の外国籍社員サークルでリーダーとして、外国籍社員の声に真摯に向き合っていました。

　自国では、SARS（重症急性呼吸器症候群）を経験したこともあり、感染症流行の際の行動指針の決定や伝達が迅速に行われていたと話していました。リモートワーク時の業務報告についても、朝礼と終礼をオンラインで行い、口頭で報告していたようでした。

　さて、トンさんはこれから、この状況をどう改善していけばいいでしょうか。

コラム 深掘りしてみよう

業務報告

会社には、日報、月報、年報、出張報告、クレーム報告、セミナー実施報告、作業報告など、いろいろな形態の文書報告があります。なぜそのような文書でそれぞれの報告書を書くのでしょうか。どのように保管するのでしょうか。例えば、どんな時に過去の報告書を使うと思いますか。

応用タスク

① あなたはリモートワークを経験していますか。その際に、業務報告や情報の共有をどのように行っていますか。
／ Do you have any experiences of working remotely? In that cases, how do you cope with business reports and sharing information?

② あなたが上長だったら、リモートワークの場合、どのような情報共有の方法が考えられますか。その理由も述べてください。
／ In case of working remotely, if you are a superior, how do you share information to colleagues? Please explain the reasons as well.

ビジネスメールには必要ないのですか

次のことばの意味を知っていますか。

英語でのメール　　挨拶　　お礼の言葉　　工場見学

スケジュール

---- ウォーミングアップ ----

ローズさんは会社でどんな仕事しているの？

そうですね、国内業務のほかに、最近は、海外支社とか取引先とのやり取りをしています。その場合は、英語を使っています。

へー、ローズさんは英語もできるからいいね。

いえいえ、電話ならいいんですが、メールは難しいですよ。仕事のメールは特別だから。

そうだよね…。

CASE 5　ビジネスメールには必要ないのですか

　私（内田）は、日本の中小企業に2年間勤めた後で、カナダに1年間だけ語学留学をしました。修了後、クラスメイトだったフランス人の友人と一緒にフランスに行き、フランスの食肉加工会社に就職して2年になります。私は日本語、英語、フランス語ができるので、海外とのやり取りを担当しています。自分の得意なことが生かせ、毎日が充実しています。しかし、先週、上司でフランス人のアランさんに指摘されたことが、とても意外なことだったので、今もどう理解したらいいのか悩んでいます。

　私が所属する部署は、私の他にフランス人6名がいます。私に回ってくる仕事は英語を使うものが多いのですが、ときどきフランス語で対応しなければならないときもあります。正直に言えば、私のフランス語のレベルは英語ほどではないので、フランス語で書類を書くときは翻訳ソフトを使ったり、フランス人にチェックしてもらったりしています。

　先月、アメリカの取引先の会社の管理職2人が、フランスの工場を見学したいと言ってきました。そこで、上司のアランさんは英語の得意な私に、英語で工場見学のスケジュール案を作成し、アメリカの人たちとメールでやり取りして内容を決めてほしいと言いました。私は、こんな重要な仕事を任せられたことがうれしくて、すぐに1週間のスケジュール表を作成し、メールの文章案も書いて、アランさんにチェックをお願いしました。

　ところが、アランさんはスケジュール案については何も言いませんでしたが、メールの文章については、私が書いた最初の5文ぐらい（全体の3分の1）までを「カットして！」と言うのです。私は驚いて、「ここを？　いいのですか」と確認しました。だって、そこは、相手の方への挨拶と、先月こちらの上司たちがアメリカの会社を訪問したときのお礼の言葉を書いた部分なのです。

　私が書いたメールのこんなに大切な部分を全部カットするなんて、私にはどうしても理解できません。大きな取引先へのメールなのに、アランさんも英語が上手な人なのに、なぜ挨拶やお礼の部分をカットしなさいと言うのでしょうか。

語彙リスト　Vocabulary List

行	日本語	読み方	英語
1	〜に勤める	〜につとめる	work for 〜
2	修了後	しゅうりょうご	after complete
	クラスメイト	くらすめいと	classmate
3	食肉加工会社	しょくにくかこうがいしゃ	meat processing　company
4	〜を担当する	〜をたんとうする	be in charge of
	得意（な）	とくい（な）	be good at
5	上司	じょうし	superior
	指摘する	してきする	point out
6	意外な	いがいな	unexpected
7	部署	ぶしょ	division
9	正直に言えば	しょうじきにいえば	to be honest
10	翻訳ソフト	ほんやくそふと	translation software
	チェックする	ちぇっくする	check
12	管理職	かんりしょく	manager
	工場	こうじょう	factory
13	スケジュール案	すけじゅーるあん	itinerary
14	内容	ないよう	detail
15	重要（な）	じゅうよう（な）	important
19	3分の1	さんぶんのいち	one third
	カットする	かっとする	remove
21	挨拶	あいさつ	greeting
23	部分	ぶぶん	part

英語訳　English Translation

Is it not necessary for business mails?

I (Uchida) worked for a small company in Japan for two years and then went to Canada to study language for one year. After completing the language course, I moved to France with a French classmate, where I joined a French meat processing company. This is the second year in my present job. Since I speak Japanese, English, and French, I am in charge of communicating with overseas clients and partners. I enjoy working every day because what I do is what I am good at. However, what Alain, my French superior, pointed out to me last week still bothers me, for that was totally unexpected.

Besides me, there are six French staffs in my division. Although most of the tasks I am assigned to require English, I occasionally need to use French. To be honest, my French is not as good as my English, so I use translation software or ask another French colleague to check my writing when I need to write in French.

Last month, two managers from our American partner asked for a tour of our factory. Alain, my superior, instructed me to prepare a tour schedule in English and finalize tour details with the American visitors because I am fluent in English. I was delighted at this great opportunity to handle such an important task. I quickly drafted an itinerary for the week with a message and asked Alain to check.

Although Alain did not comment on the itinerary, he highlighted the first five sentences (about one third) of my message draft and told me, "Remove these!" Shocked, I asked him, "Remove these? Is that OK?", because the removed sentences were greetings to the recipients and acknowledgement of their hospitality when our managers visited their company in the United States last month.

I still do not understand why such an essential part of the message must be removed. The message is addressed to our important partner, and Alain is fluent in English. Why does he instruct me to remove greetings and acknowledgements from my message?

❶ このケースの場面を図にしてみましょう。（人の関係図や場面の流れ）

／ Let's draw up a diagram that represents the scenes in the story (the relationship diagram, flow of the settings etc.)

❷ それぞれの気持ち（心の声）を想像してみましょう。

／ Let's imagine the feelings of each person (their inner voices).

▶ 私（内田）／ I (Uchida)

▶ アランさん ／ Alain

❸ この状況で何が問題だと考えますか。

／ What do you think is the problem in this situation?

❹ この問題の解決策について話し合ってみましょう。どんな方法があるでしょうか。

／ Let's discuss the solutions to this problem. What options are available?

❺ - 1 【グループで学ぶ人へ ／ For those who learn as a group 】

このケースについて話し合ったことを振り返り、あなたから内田さんへメールを書いてください。

／Review the conclusions of the discussions and write an email to Ms.Uchida.

送信（S）	差出人（M）	○○○○○@×××××.ne.jp
	宛先	
	CC（C）	
	件名（U）	

❺- 2 【一人で学ぶ人へ／ For a person of self-learning 】

さらに深く考えてみましょう。／ Let's think more deeply.

▶ Aさんの意見 ／The opinion of A

> 仕事上のメールでは確かに定型がありますが、相手への思いをどの程度表現するのかによって、書き手の思いや意向の強さが出ます。だから、メールには気持ちをできるだけ丁寧に書けば、相手にいい印象を与えると思います。

▶ Bさんの意見 ／The opinion of B

> 仕事上のメールは伝えたいことのポイントが正確にうまく伝わることが重要なので、それ以外のことはできるだけ省いたほうが誤解を起こさない書き方だと思います。

あなたは、どう考えますか？／ What do you think about this?

　　内田さんはカナダ留学で知り合った友達とフランスで就職することになりました。この会社では、自分の得意な英語を生かせるので、内田さんは仕事のやりがいを感じていました。ある日、アメリカの取引先の管理職の方々がフランスを訪問することになったので、上司からの指名で内田さんが全ての対応を任されました。内田さんは自分の英語力を十分に発揮するいいチャンスだと思ったそうです。しかし、内田さんが作成したお客様へのメールの文章に対し、上司から驚くような指摘がありました。内田さんはその指摘が信じられませんでした。上司が不必要だからカットしなさいと言った部分を、本当にカットしてしまったら、丁寧さや感謝の気持ちはどうやって相手に伝えるのだろうかと困ってしまったそうです。

　　みなさんは内田さんが上司から指摘されたことについてどう思いますか。内田さんは上司が指摘したとおりに、5文ほどをカットすべきなのでしょうか。

コラム 深掘りしてみよう

文書の形式

日本語で手紙やメールを書く場合、特に社外向けの文書では、前文に書き出しの言葉や時候の挨拶などを用います。メールではより簡潔に、ビジネスレターではより丁寧かつ形式的な表現が使われます。

英語のビジネスレターと日本語のビジネスレターは同じように書くものなのでしょうか。他の言語ではどうでしょうか。

応用タスク

① 初めての取引先に新しい商品を紹介するレターを書いてみましょう。
／ Write a letter introducing a new product to a new client.

② あなたの会社にインターンシップ生を受け入れることになりました。母校の大学にインターンシップ生を送ってほしいという依頼のメールを書いてみましょう。あなたが学生の場合は、インターンシップをしたい企業を一つ選び、受け入れの依頼文を書いてみましょう。
／ Your company is going to receive interns. Write a letter to your university, requesting to send interns to your company.If you are a student, choose a company you want to work as an intern and write a letter of request for internship.

CASE 6 理屈って何を書けばいいんですか

キーワード　Keywords

次のことばの意味を知っていますか。

企画書　見積書　理屈　趣旨　内容　指摘

---- ウォーミングアップ ----

 今、企画書を初めて書いているんですけど、難しいですね。

 私も最初は苦労したな。

 もう3度も直しているんです。「だめだ」と言われたんですけど、何がだめだか分からなくて。

 そうか。私もそういう経験あったな。どこがだめか分からなくて。

 ジムさんもですか？　教えてもらえなかったんですか？

CASE 6　理屈って何を書けばいいんですか

　　私（方）は中国出身で、日本の会社で3年間働いています。昨年の8月に今の会社に転職して、既に1年ほどが経ちました。今の会社は、市役所など公的機関からの委託による留学生向けのイベントを企画・実施しています。先月、私はあるイベントの企画の仕事を任されたのですが、そのときに上司から指摘されたことが今も疑問なのです。

5　　そのイベントは留学生と地域の方々との交流を深めるためのものでした。これまでは、地域の方が日本の伝統的な文化を紹介し、留学生に楽しんでもらうものだったので、今回も同じような企画で実施することになりました。しかし、上司の石原さんからは、「今度の企画はもっと経費の節減ができれば」とも言われていました。

　　私は、イベントを企画するのは初めてでした。早速イベントの運営会社に連絡し、見
10　積書を出してもらい、出演内容、時間、費用などを確認しました。私は、これらの情報をもとに企画書を作成し、石原さんに見せました。すると、石原さんから意外な返事が返ってきました。私が作成した企画書を見て、石原さんは「内容はいいとして、これは却下でしょう。理屈がない！」というのです。私は石原さんの指示通りに日本の伝統的なパフォーマンスを探し、いろいろ工夫して経費も節約したのに、なぜ私の企画書は却
15　下されるのでしょうか。

　　「理屈がない！」という石原さんのことばが気になったので、「理屈」を辞書で調べてみたら、物事の筋道や理由、事情という意味でした。私はこのイベントの趣旨をよく分かっています。それなのに「理屈がない」と言って企画書を却下するなんて私には納得がいきませんでした。

20　　私はしばらく考えてみました。もしかして、趣旨が書いてないことかなと思い、趣旨を加えた企画書を石原さんに再提出してみました。すると、石原さんは「いいよ」と言いました。まさか、石原さんは、単に形式のことだけで却下したのでしょうか。そんなはずはありません。今回の企画で重要な点は、イベント内容と手配方法、そして経費の節約だったのです。形式的なことぐらいで最初の企画書を却下したとは、私にはどうし
25　ても思えないのです。

語彙リスト　Vocabulary List

行	日本語	読み方	英語
	理屈	りくつ	logic
1	昨年の８月	さくねんの８がつ	last August
2	市役所	しやくしょ	municipal government
	公的な	こうてきな	public
	委託による	いたくによる	at the commission of
3	留学生向けのイベント	りゅうがくせいむけのいべんと	events for international students
	企画	きかく	plan
4	任される	まかされる	take charge of
	上司	じょうし	superior
5	地域の方々	ちいきのかたがた	local residents
	交流を深める	こうりゅうをふかめる	deepen relationship
6	伝統的な文化	でんとうてきなぶんか	traditional culture
	〜を紹介する	〜をしょうかいする	introduce 〜
8	経費の節減	けいひのせつげん	reduce cost
9	早速	さっそく	right away
	見積書を出す	みつもりしょをだす	get quotes
10	確認する	かくにんする	check
11	企画書	きかくしょ	proposal
	作成する	さくせいする	draft
13	理屈がない	りくつがない	no logic
14	工夫する	くふうする	devise ways
17	筋道	すじみち	logical basis
20	趣旨	しゅし	intent
21	加える	くわえる	add
	再提出する	さいていしゅつする	re-submit
22	単に〜だけ	たんに〜だけ	simply 〜
	形式	けいしき	format
23	手配	てはい	arrangement
24	形式的なこと	けいしきてきなこと	formality

英語訳 English Translation

What should I write for "logic"?

I (Fang) am from China and have been working for Japanese companies for three years. A year has passed since I joined the present company last August. The company I work now is specialized in planning and organizing events for international students at the commission of a municipal government or other public agencies. Last month, I took charge of drafting a plan for an event. What my superior told me at that time, however, still bothers me.

The event was intended to deepen the relationship between international students and local Japanese residents. In the past, the event was mostly practiced by local Japanese residents to introduce traditional Japanese culture for entertaining foreign students, so we decided to run a similar program. However, Mr. Ishihara, my supervisor, also wanted to "reduce cost for this event more than before".

It was my first time to plan an event. I contacted event companies right away to get quotes and check performance contents, time, cost, etc. Based on the information I collected, I drafted a proposal and asked Mr. Ishihara for a review. Mr. Ishihara's response, however, was something I did not expect. He said, "The contents are fine, but we cannot adopt it. There is no logic!" I did exactly what he instructed me though – I looked for traditional Japanese performances and devised ways to cut cost. Why should my proposal get rejected?

Because I was particularly concerned about Mr. Ishihara's "no logic!" comment, I looked it up in a dictionary and found that it means "logical basis, reasoning, and circumstances leading to a result". I understand the intent of the event very well. So, it seemed illogical to me that my proposal gets rejected for the lack of "logic."

I took time to ponder over it. Then, it occurred to me that the reason for the rejection might be the lack of "intent". When I added descriptions of the intent of the event to the proposal and re-submitted it to Mr. Ishihara, he said "this is fine". Could it mean he simply rejected my first proposal just because it did not follow the established format? It could not be true, because the priorities of the proposal were event contents, arrangement method, and cost reduction. I still cannot comprehend that it was rejected merely because of formality.

タスクシート Task Sheet

❶ このケースの場面を図にしてみましょう。（人の関係図や場面の流れ）
／ Let's draw up a diagram that represents the scenes in the story (the relationship diagram, flow of the settings etc.)

❷ それぞれの気持ち（心の声）を想像してみましょう。
／ Let's imagine the feelings of each person (their inner voices).

▶ 私（方）／ I (Fang)

▶ 石原さん ／ Mr.Ishihara

74

❸ この状況で何が問題だと考えますか。

／ What do you think is the problem in this situation?

❹ この問題の解決策について話し合ってみましょう。どんな方法があるでしょうか。

／ Let's discuss the solutions to this problem. What options are available?

❺-1 【グループで学ぶ人へ ／ For those who learn as a group 】

このケースについて話し合ったことを振り返り、あなたから方さんへメールを書いてください。

／ Review the conclusions of the discussions and write an email Ms.Fang.

送信（S）	差出人（M）	○○○○○@×××××.ne.jp
	宛先	
	CC（C）	
	件名（U）	

❺-2 【一人で学ぶ人へ／For those who learn as self-study】

さらに深く考えてみましょう。／Consider more deeply.

▶ Aさんの意見 ／The opinion of A

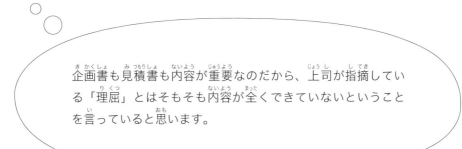

企画書も見積書も内容が重要なのだから、上司が指摘している「理屈」とはそもそも内容が全くできていないということを言っていると思います。

▶ Bさんの意見 ／The opinion of B

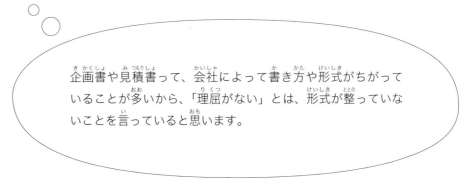

企画書や見積書って、会社によって書き方や形式がちがっていることが多いから、「理屈がない」とは、形式が整っていないことを言っていると思います。

あなたは、どう考えますか？／What do you think about this?

　方さんは、この企画を進める際に、誰にも相談することなく、自分の力で企画書を作成し、上司の石原さんに見せました。しかし、石原さんから「理屈がない」と指摘を受けたので、辞書で調べたり、周りの先輩や同僚に聞いてみたりしたそうです。すると、石原さんが言った「理屈」とは、イベント企画の趣旨のことで、石原さんはそれが方さんの書いた企画書にはなかったことを指摘したのだと分かりました。

　会社だけでなく、新しい職場で働くうえで、文章作成や情報の共有の仕方には、なかなか目に見えにくい暗黙のルールもあります。外国人でなくても新入社員がそれらを十分に理解して、対応するまでには時間がかかります。まだ慣れない職場環境のなかで、上司からの指示の意味が曖昧だったり、マニュアルや前例がなかったりして判断に迷うようなとき、あなたならどうしますか。

コラム　深掘（ふかぼ）りしてみよう

企画書、暗黙のルール（きかくしょ　あんもく）

「企画書（きかくしょ）」には様々な目的（さまざま　もくてき）をもったものがあります。たとえば、社内（しゃない）のチームや個人（こじん）が考案（こうあん）したものを、商品化（しょうひんか）するかどうかを検討（けんとう）するための会議資料（かいぎしりょう）としての「企画書（きかくしょ）」があります。作成（さくせい）する人（ひと）は商品化（しょうひんか）したいので、会議出席者（かいぎしゅっせきしゃ）に理解（りかい）や納得（なっとく）をしてもらいやすいように書くでしょう。読む人（よ　ひと）のことを考えず、自分（じぶん）の思（おも）うとおりに書（か）いたものは伝（つた）わりにくいです。だから、読（よ）み手（て）に正確（せいかく）に伝（つた）えるために、書（か）き手（て）と読（よ）み手（て）に共通（きょうつう）のルールが必要（ひつよう）になります。それぞれの業種（ぎょうしゅ）や社内（しゃない）にも独自（どくじ）の企画書（きかくしょ）の形式（けいしき）があるのではないでしょうか。

応用（おうよう）タスク

① 任意（にんい）の会社（かいしゃ）のホームページの情報（じょうほう）をもとに、その会社（かいしゃ）の新商品開発（しんしょうひんかいはつ）のための企画書（きかくしょ）を作（つく）ってみましょう。
／ Choose a company and use information on the company's website to prepare a development proposal of the company's new product.

② 海外出身（かいがいしゅっしん）の人（ひと）が日本観光（にほんかんこう）をするための、1週間（しゅうかん）の旅行（りょこう）の企画書（きかくしょ）を作（つく）ってみましょう。
／ Draft a proposal of a one-week sightseeing trip to Japan for foreign travelers.

どうして仕事が進まないの

次のことばの意味を知っていますか。

勤務態度　　働きぶり　　やる気　　プロジェクトリーダー

自主性

ローズさん、今度のプロジェクトリーダーは誰になったの？

中野さんです。中野さんのことはみんな頼りにしていますからね。

なるほど。中野さんってどんなタイプ？

中野さんは、部下に自主性を求めるタイプの人ですよ。

じゃ、やる気のある部下にとっては嬉しいリーダーだね。

まあ、そうですけど…。

CASE 7　どうして仕事が進まないの

　　私（坂本）は中国西部地区のスポーツ関連企業に勤務しています。ここに来て半年が経ちました。その前は中国東部の都市で３年間働きました。自分では中国での仕事に随分慣れてきたと思っていたのですが、最近は仕事が思うように進まなくなってきています。この原因についてあれこれ考えていたところ、ここでは中国人社員たちが自分から動いてくれないからだと気づきました。

　　これまで私が勤務していた都市部の社員たちは非常に積極的で、誰かに仕事を頼もうとすると「私にやらせてください！」と自分で直接言いに来る社員が多かったのです。社員がみんなで切磋琢磨しているような職場でした。ところが、ここ西部の支社では、プロジェクトリーダーを決める際に、自分からやりたいと言う人はいないし、私が誰かを指名しても「私には無理です」と笑顔で断られます。この会社は社員の自主性を大切にする社風なのに、ここではそれがありません。彼らの普段の働きぶりはまじめできちんとしています。みんなやる気がないわけではありません。

　　こんな状況の中で、３カ月後にデパートでスポーツイベントが開催されるとの知らせがあり、私の会社のスポーツウェアも展示されることになりました。しかし、開催まであと３カ月しかないのに、まだプロジェクトリーダーが決まりません。現地社員たちに何度呼びかけても、私が指名しても引き受けてくれないのです。今すぐにでも取り掛からないと間に合わないので、私は彼らの返事を待てずに、仕方なく自分一人で始めてしまいました。中国人を対象としたイベントなので、この内容でいいのか、日本人の私にはとても不安なのですが、仕事に穴をあけることはできなかったのです。結局、私が一人でほとんどの準備をして、細かいところだけ指示を出し、社員に動いてもらいました。

　　都市部の社員もここの社員も日本語はとても上手ですし、私の言っていることはよく理解してくれているはずです。それなのにここの社員たちは、なぜこんなに自分から仕事をしてくれないのでしょうか。この先、私は一体どうやってここの社員たちを取りまとめていけばいいのでしょうか。

語彙リスト　Vocabulary List

行	日本語	読み方	英語
	(仕事が) 進む	(しごとが) すすむ	progress
1,2	西部 / 東部	せいぶ / とうぶ	western/eastern
1	スポーツ関連企業	すぽーつかんれんきぎょう	sports-related company
	〜に勤務する	〜にきんむする	work for 〜
3	思うように進む	おもうようにすすむ	progress as well as I would like
4	自分から動く	じぶんからうごく	work proactively
5	気づく	きづく	realize
6	非常に積極的	ひじょうにせっきょくてき	very proactive
	〜に仕事を頼む	〜にしごとをたのむ	ask 〜 to do a job
7	私にやらせてください	わたしにやらせてください	let me do
	直接言いに来る	ちょくせついいにくる	come directly to me
8	切磋琢磨する	せっさたくまする	work hard together
	職場	しょくば	workplace
	支社	ししゃ	branch office
9	決める際に	きめるさいに	when deciding
	(誰かを) 指名する	(だれかを) しめいする	nominate
10	断る	ことわる	refuse
	自主性を大切にする	じしゅせいをたいせつにする	value autonomy
11	まじめ (な)	まじめ (な)	diligent
	きちんとする	きちんとする	decent
13	デパート	でぱーと	department store
	開催する	かいさいする	hold
15	あと3カ月しかない	あと3かげつしかない	only three months left
16	何度呼びかけても	なんどよびかけても	no matter how many times I call on
	引き受ける	ひきうける	accept
17	自分一人で	じぶんひとりで	on one's own
18	内容	ないよう	content
20	ほとんどの準備をする	ほとんどのじゅんびをする	do most of the preparation

英語訳　English Translation

Why works do not progress?

I (Sakamoto) work for a sports-related company in the western part of China. It's been half a year since I came here. Before that, I used to work in a city of eastern China for three years. I thought I had gotten used to working in China, but lately, works do not progress as well as I would like. I thought about the reason and realized that it is because the Chinese employees do not work proactively.

The employees in the urban area where I used to work were very proactive. When I tried to ask someone to do a job, many of them came directly to me saying, "Let me do it!" It was a workplace where all the staff were working hard together, competing each other. However, here in the western branch office, no one ever says they want to do it themselves when deciding on a project leader. Even those I nominated refuse it with a smile, saying, "I can't do it." This company has a culture that values employee's autonomy, but that's not the case here. Their attitudes to work are diligent and decent, so I cannot say they are unmotivated.

In such a situation, I was informed that a department store would hold a sporting event in three months, and our sportswear would be on display there. Although there were only three months left by the event, we still hadn't chosen a project leader. No matter how many times I called on, nobody responded to it. Even when I nominated, no one accepted it. We had to get on the job immediately, or we couldn't make it in time. I had no choice but to start on my own without waiting for the responses from the local staff. Since it was an event for Chinese people, I was very worried about whether the content I came up with was okay. However, as I couldn't miss the job, I ended up doing most of the preparation on my own, letting the employees do only little jobs.

Both urban employees and the employees here are very good at Japanese, and they should understand what I mean. So why are the employees here so unwilling to work on their own initiatives? How should I manage them from now on?

❶ このケースの場面を図にしてみましょう。（人の関係図や場面の流れ）

／ Let's draw up a diagram that represents the scenes in the story (the relationship diagram, flow of the settings etc.)

```



```

❷ それぞれの気持ち（心の声）を想像してみましょう。

／ Let's imagine the feelings of each person (their inner voices).

▶ 私（坂本）／ I (Sakamoto)

```



```

▶ 現地社員 ／ Local staff

```



```

❸ この状況で何が問題だと考えますか。

／ What do you think is the problem in this situation?

❹ この問題の解決策について話し合ってみましょう。どんな方法があるでしょうか。

／ Let's discuss the solutions to this problem. What options are available?

❺-1 【グループで学ぶ人へ ／ For those who learn as a group 】

　このケースについて話し合ったことを振り返り、あなたから坂本さんへメールを書いてください。

　／ Review the conclusions of the discussions and write an email to Mr.Sakamoto.

送信（S）	差出人（M）	○○○○○@×××××.ne.jp
	宛先	
	CC（C）	
	件名（U）	

❺- 2　【一人で学ぶ人へ／ For those who learn as self-study 】

さらに深く考えてみましょう。／ Consider more deeply.

▶ Aさんの意見／The opinion of A

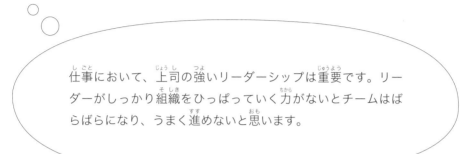

仕事において、上司の強いリーダーシップは重要です。リーダーがしっかり組織をひっぱっていく力がないとチームはばらばらになり、うまく進めないと思います。

▶ Bさんの意見／The opinion of B

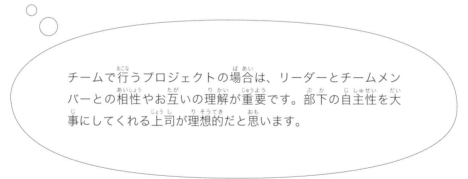

チームで行うプロジェクトの場合は、リーダーとチームメンバーとの相性やお互いの理解が重要です。部下の自主性を大事にしてくれる上司が理想的だと思います。

あなたは、どう考えますか？／ What do you think about this?

　坂本さんにとって海外勤務は3年ほど前の中国都市部が最初でした。それまでは日本国内の本社に4年ほど勤務した経験があります。中国への赴任はとても不安でしたが、現地の社員はあまり丁寧ではないものの、とても積極的でやる気のある社員ばかりだったので、坂本さんは彼らに助けられて仕事が進めやすかったと言っていました。ところが、次の勤務先である西部の支社では、同じ中国人なのにこんなに違うのか、と驚いたそうです。坂本さんは、前の経験を生かして、さらにこの支社を発展させようと張り切って赴任してきたのに、ここの社員たちは消極的なので、どうやったらここの社員たちが積極的に働くのかと、頭を悩ませているそうです。

　さて、あなたは坂本さんの悩みについてどう思いますか。坂本さんがこの支社の社員たちとうまく仕事を進めていくにはどうしたらいいのでしょうか。

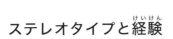

ステレオタイプと経験

日本人は静かでまじめで働き者、とよく言われます。しかし、初めて接した日本人が、とてもルーズで怠け者だった場合、その人の持つ日本人のイメージは「ルーズで怠け者」になるのでしょう。ステレオタイプに頼りすぎたり、過去の経験から作ったイメージを基準にしたりしてしまうと、目の前の現実をきちんと見ない危険性があります。では、ステレオタイプや過去の経験は、全く持たないほうがいいのでしょうか。

応用タスク

① 過去に経験して知ったことが、その後にプラスになった場合やマイナスになった場合はありますか。思い出して話し合ってみましょう。

／ Do you have something you have experienced or learned in the past that has positively or negatively affected you? Remember and discuss it.

② 初めて海外の国に滞在するとき、先に知っておきたいことは何ですか。

／ What do you want to know beforehand when you are going to stay abroad for the first time?

新型コロナウイルス感染症の拡大により、今まで「当たり前」に行われてきた私たちの働き方が急速に変わりはじめました。

あなたのまわりでは、どのような変化がありましたか？

ここでは、日本で働く外国人の友人同士、チャンさんとリーさんの会話をヒントに、コミュニケーションの取り方や仕事のプロセスについて考えてみましょう。

「オンライン飲み会」をしているチャンさんとリーさん

チャン　どう？　コロナの影響で働き方は変わった？

リー　リモートワークをするようになったんだけど、そうなるまでに時間がかかったわ。とくに私は工場勤めでしょ。現場で作業する人が多いから、家でやるよりも出社するほうが効率よくこなせる仕事もあって、仕方ないのだけど。まわりの外国人社員たちは、「なぜもっと早くリモートワークにならないのか」「会社は本当に危機感を持っているのか」と言っていた。

チャン　私の会社も同じ！　会社の意思決定のプロセスが社員に見えないから、不安よね。でも私の会社は、マスク不足の時期にマスクが配られたの。それはとてもありがたかった。

リー　マスク不足、大変だったよね。毎日ドラッグストアにマスクを探しに行っていたよ。チャンさんは営業の仕事をしているのよね。影響はどう？

チャン　予定していた海外出張がキャンセルになったわ。国内の営業も、営業先から「来てください」と言われない限りは、基本的にオンラインでやりとりしているかな。

リー　それは時間の節約になるけど、出張の楽しみが減るわね。

チャン　オンラインでのやりとりもだいぶ慣れたけど、営業って「わざわざ足を運んで、顔を突き合わせて話した」からこそ、印象付けられたり、雑談から次の仕事の話が進んだり、ということもあるでしょう。難しい。

リー　あれ、チャンさん、画面の背景がジャングルになってる！　どうやっているの？

チャン　ふふふ…オンラインツール、使い慣れていろんな機能を熟知しているからね！　それはね。こうするのよ……

テーマ

2

社内で戸惑う
ルールや文化の違い

テーマ2ではおもに、仕事をしている時間以外に生まれる"モヤモヤ"を取り上げます。

会社では業務時間以外でも、コミュニケーションの取り方や社内のルール、文化の違いから、さまざまなコンフリクトが生まれます。

どんな問題が起こっているのか見てみましょう。

佐藤さん
日本企業で働く
中堅社員

ヨウさん
海外出身の若手社員

家賃は教えてくれないのですか

次のことばの意味を知っていますか。

家賃　　マンション　　お金の話　　モヤモヤ　　気まずい

ウォーミングアップ

今朝の新聞の広告にね、ヨウさんの家の近くのマンションが出ていましたよ。あそこは家賃が高いんだね。私には手が出ないなあ。

いくらだったんですか?

いくつかタイプがあったけど、一番安いタイプでも、うちの近所の2倍ぐらい。

佐藤さんのマンションの家賃っていくらなんですか?

えっ、まあ、東京じゃ平均的な値段かな…。

CASE 8　家賃は教えてくれないのですか

　私（ハン）は、韓国の日系企業（製造業）に勤めて１年目です。１週間前、日本人上司の東山さんと一緒に食事をしました。東山さんはソウルに来てまだ３カ月ほどです。この時はソウルの家について話題になったのですが、その時のやりとりが頭の中に残ってしまって、モヤモヤしています。

5　東山さん：ハンさんはソウルの人？　ソウルのマンションって高いんでしょ。

　私：はい、とても高いです。ソウルの80㎡のマンションは、800万ウォンですよ。私のような若い会社員には買えないです。東京も高いんですよね。

　東山さん：そう、高いねえ。

　私：そういえば、東山さんの東京のご自宅はマンションですか？

10　東山さん：そうだよ。今は、他の人に貸しているけどね。

　私：そうですか。そこの家賃はいくらですか？

　東山さん：うーん、それはちょっと…。ハンさんは随分はっきり聞くね。

　私：はっきり？　ええっ？

　東山さん：うん、まあ、いいんだけど。

15　この後も、私は東山さんが家賃を教えてくれなかったのがずっと気になっていました。その日、会社を出ようとした私を１年先輩の中尾さんが呼び止めて、「今日は何かあったの？　いつもと違った感じだったよ」と言うのです。中尾さんは私の様子に気づいたようです。

　私：東山さんってマンションを貸しているそうなんです。だから、家賃いくらですか、
20　と聞いてみたんですが、教えてくれませんでした。「ハンさんは、はっきり聞くね」とか言って。

　中尾：ああ、まあそうだろうな。

　私：どうしてですか。東山さんはソウルのマンションの家賃を私に質問しましたよ。私は教えてあげたのに。

25　中尾：だって、それはねえ……。だいたい、それってお金の話でしょ？

　私：どういう意味ですか。「お金の話」がなんですか？

　私は聞かれたことを答えただけで、何が悪かったのでしょうか。あれ以来、東山さんとなんとなく気まずくなって、仕事もやりにくくなってしまいました。私はこれからどうすればいいのでしょうか。

語彙リスト　Vocabulary List

行	日本語	読み方	英語
	家賃	やちん	rent
1	製造業	せいぞうぎょう	manufacturing
	上司	じょうし	superior
4	モヤモヤする	もやもやする	bother me
5	マンション	まんしょん	apartments
6	ウォン	うぉん	won
10	他の人	ほかのひと	someone else
	貸す	かす	lease
12	はっきり	はっきり	straightforward
15	ずっと	ずっと	continuously
16	会社を出る	かいしゃをでる	leave office
17	いつもと違う	いつもとちがう	something strange
	私の様子	わたしのようす	my attitude
	気づく	きづく	notice
25	だいたい	だいたい	in the first place
28	気まずい	きまずい	awkwardness

英語訳　English Translation

Why don't you tell me your rent?

I (Han) joined a Japanese manufacturing company based in Korea a year ago. Last week, I went for lunch with Mr. Higashiyama, my Japanese superior. Mr. Higashiyama came to Seoul only three months ago. Over the lunch, we talked about housing situations in Seoul. The conversation, however, left me uncomfortable and bothers me until now.

Mr. Higashiyama: Han, aren't you from Seoul? I heard apartments in Seoul are very expensive.

Han: Yes, they are very pricy. For instance, if you want to purchase a unit with the floor area of 80 square meters, you would have to pay eight million won. They are way beyond the reach of young ordinary employees like me. I suppose properties in Tokyo are also expensive, right?

Higashiyama: Yes, they are indeed.

Han: Oh, is your home in Tokyo an apartment?

Higashiyama: Yes, but we lease it to someone else for now.

Han: Oh, I see. How much do you charge for rent?

Higashiyama: Um, well, that's… Han, you are really straightforward, aren't you?

Han: Straightforward? Why?

Higashiyama: Well, okay, never mind.

After the conversation, Mr. Higashiyama remained silent about the rent, which continuously bothered me afterwards. As I was about to leave the office on the next day, Mr. Nakao, a colleague who joined the company one year earlier than I, stopped me and asked, "What happened today? You act differently." Mr. Nakao seems to have noticed something strange about my attitude.

Han: Mr. Higashiyama told me he leases his apartment in Tokyo. So, I asked how much he charged for rent, but he did not answer. He just said, "Han, you are blunt", and suchlike.

Nakao: Oh, well, I can imagine.

Han: What is wrong about it? Mr. Higashiyama asked me about the rent of apartments in Seoul, and I answered it.

Nakao: Well, that's different… it's about money in the first place, isn't it?

Han: What do you mean by that? What's wrong with talking about money?

I just answered to his question. I do not see any mistake on my part. But since the conversation, there has been an awkwardness between Mr. Higashiyama and I. Everyday work is not as smooth as before. What should I do from now on?

❶ このケースの場面を図にしてみましょう。(人の関係図や場面の流れ)

／ Let's draw up a diagram that represents the scenes in the story (the relationship diagram, flow of the settings etc.)

```
┌─────────────────────────────────────────────────────┐
│                                                       │
│                                                       │
│                                                       │
│                                                       │
│                                                       │
│                                                       │
│                                                       │
└─────────────────────────────────────────────────────┘
```

❷ それぞれの気持ち(心の声)を想像してみましょう。

／ Let's imagine the feelings of each person (their inner voices).

▶ 私(ハン)／I (Han)

```
┌─────────────────────────────────────────────────────┐
│                                                       │
│                                                       │
│                                                       │
│                                                       │
└─────────────────────────────────────────────────────┘
```

▶ 東山さん／Mr.Higashiyama

```
┌─────────────────────────────────────────────────────┐
│                                                       │
│                                                       │
│                                                       │
│                                                       │
└─────────────────────────────────────────────────────┘
```

❸ この状況で何が問題だと考えますか。

／ What do you think is the problem in this situation?

❹ この問題の解決策について話し合ってみましょう。どんな方法があるでしょうか。

／ Let's discuss the solutions to this problem. What options are available?

❺- 1 【グループで学ぶ人へ ／ For those who learn as a group 】

　このケースについて話し合ったことを振り返り、あなたからハンさんへメールを書いてください。

　／ Review the conclusions of the discussions and write an email to Mr.Han.

送信（S）	差出人（M）	○○○○○@×××××.ne.jp
	宛先	
	CC（C）	
	件名（U）	

❺-2　【一人で学ぶ人へ／For those who learn as self-study】

さらに深く考えてみましょう。／Consider more deeply.

▶ Aさんの意見／The opinion of A

> 海外の家賃や給料については、そこで生活をしようとする人にとっては関心の高い話題です。具体的な金額を知ることで、今後のその人の役に立つ情報なので、家賃や給料についてはぜひ教えてあげるべきです。

▶ Bさんの意見／The opinion of B

> 不動産の相場の話ならともかく、家賃や給料のようなプライベートな話題は、よほど親しい友だちや家族でない限り、あまりしたくないんですよね。

あなたは、どう考えますか？／What do you think about this?

　ハンさんは、東山さんと話していて、ソウルと東京のマンションの話題になりました。ハンさんは東山さんにソウルの家賃事情を聞かれたので答えました。そこで、今度はハンさんから東山さんに、東京の東山さんのマンションの家賃を質問しました。ところが、東山さんはハンさんに「随分はっきり聞くね」と言いました。ハンさんはそのとき、どう返したらいいのか戸惑ったそうです。「随分はっきり聞く」とは、もしかして自分が聞いた家賃のことなのか、東山さんははっきり聞くことが何だと言いたかったのでしょうか。ハンさんには「随分はっきり聞く」の意味が理解できませんでした。東山さんが貸しているマンションの家賃を聞くことは、ハンさんにとってはとくに問題ない話題だったのですが、東山さんにとっては違っていました。

　相手が聞かれたくない部分に自分が気づかないで触れてしまったとき、あなたならどうしますか。

コラム　深掘りしてみよう

会話の話題

ある文化では、初めて会った相手の年齢を尋ねてから、その人への言葉遣いを決めるというやり方がありますが、反対に、相手の年齢を聞くことはプライベートな質問なので避けるべきだという文化もあります。また、家族や生まれた場所を聞くことは失礼だという文化もあれば、身分階級はその後の交友関係に影響するので聞くのは当たり前だという文化もあります。では、知らない国に滞在することになったとき、見えない文化にどう対応していったらいいのでしょう。

応用タスク

① あなたは初めて会う人にどんな話題で話しかけますか。
／ What would you talk about when you meet someone for the first time?

② あなたの国の人、他の国の友達（仲間）、日本人の友達（仲間）と話すとき、質問しないほうがいいことは何ですか。比べてみましょう。
／ What are the topics you would rather avoid when you talk with someone from your country, a friend (colleague) from other countries, or a Japanese friend (colleague)? Compare them.

<table>
<tr><td>CASE
9</td><td># 私のことを不幸だなんて</td></tr>
</table>

（わたし・ふこう）

キーワード　Keywords

次のことばの意味を知っていますか。

日常の挨拶（にちじょう・あいさつ）　天気（てんき）　不幸（ふこう）　悪口（わるぐち）　笑い声（わら・ごえ）

---- ウォーミングアップ ----

🧑 ヨウさんおはよう。今朝（けさ）はやっと晴（は）れたね。

🧑 おはようございます。佐藤（さとう）さんは晴（は）れが好（す）きですね。私（わたし）は雨（あめ）が好（す）きなんです。雨（あめ）が降（ふ）ると車（くるま）も道（みち）もきれいになるし、野菜（やさい）も雨（あめ）が降（ふ）らないとだめになってしまうし。

🧑 そうじゃなくて…。ああ、それより午後（ごご）から山田（やまだ）コーポレーションの専務（せんむ）が来（く）るよね。何時（なんじ）？

🧑 はい、2時（じ）です。ああ、雨（あめ）じゃなくてよかったですね。

🧑 うん、そうだね。

102

CASE 9　私のことを不幸だなんて

　　私（由佳）はフランス人の夫と一緒に5年前にフランスに来て、1年前にこのアパレル会社に就職しました。30名の社員のうち、外国人は日本人の私と中国人の唐さん、ブラジル人のナシルさんだけです。私は、子どもの頃から「明るくて元気だね」と言われてきたので、先日、私の知らないところで、フランス人たちに「由佳は不幸な日本
5　人」と言われていることを知った時は、驚きと悲しさで胸がいっぱいになりました。

　　先月、いつものように出社した朝、私は、隣の席のマリアンヌさんに「今日も朝から雨ですね。なかなか晴れませんね」とフランス語で話しかけると、彼女は「おはよう！」と大きな声で返してきました。私は彼女の言い方が何か変だなと感じましたが、気にしないようにして仕事を始めました。それから2時間後ぐらいに、コーヒーを飲もうとし
10　て下の階のラウンジに降りて行きました。マリアンヌさんの後ろ姿が見えたので近づいていくと、彼女と一緒に話している2人の女性の声が聞こえてきました。「由佳は不幸な日本人ね」「彼女は楽しいことがないんだね」と言って3人で大笑いしていたのです。

　　私は自分が会社で「不幸な日本人」と言われているなんてショックでした。私が外国人だからでしょうか。でも、唐さんやナシルさんの悪口は聞いたことがありません。
15　2人はよく上司から注意されていますし、フランス人社員と言い合いになる場面を何度も見たことがあります。私は上司から頼まれた書類は遅れたことがないし、仕事のミスを注意されたこともほとんどありません。フランス人社員たちとはうまくやってきたつもりです。それなのに、なぜ私がこんな言われ方をされているのでしょうか。

　　その日は、仕事中に何度も彼女たちの笑い声が思い出され、なぜ私が不幸なのかの理
20　由を考えていました。でも、思い当たることが見つからなかったので、帰宅してから、フランスで知り合った友人の直子さんに電話して、昼間のショックな出来事を話しました。すると、直子さんは、「私は由佳さんほどまじめじゃないからね。でも、そういえば、近所のフランス人にいい天気ですねと言うと、おかしなことばが返ってきたことは私も何度もあるよ」と言いました。
25　直子さんに話をして、私のショックは少しおさまりましたが、私はこのままこの会社で自分らしく仕事を続けていくことができるのでしょうか。

行	日本語	読み方	英語
	不幸（な）	ふこう（な）	unhappy
1	アパレル会社	あぱれるがいしゃ	apparel company
3	～と言われている	～といわれている	be told that ～
5	～で胸がいっぱいになる	～でむねがいっぱいになる	be filled with ～
8	何か変だと感じる	なにかへんだとかんじる	think that there is something strange
10	近づいていく	ちかづいていく	walk up
12	大笑いする	おおわらいする	laugh loudly
15	よく上司から注意される	よくじょうしからちゅういされる	often got scolded by boss
	言い合い	いいあい	quarrel with
16	書類	しょるい	paperwork
17	～とうまくやる	～とうまくやる	get along with ～
19	思い出す	おもいだす	recall
20	見つからない	みつからない	nothing come to　one's mind
21	ショックな出来事	しょっくなできごと	shocking event
22	まじめ（な）	まじめ（な）	serious-minded
23	おかしなことば	おかしなことば	strange words
	返ってくる	かえってくる	react
24	何度もある	なんどもある	at many times
25	おさまる	おさまる	ease off
26	自分らしく	じぶんらしく	as I am

英語訳 English Translation

Unhappy Japanese?

I (Yuka) came to France 5 years ago with my French husband and began to work for the apparel company a year ago. Out of 30 employees, foreigners are just three of us, me from Japan, Tang, from China, and Nasir, from Brazil. Since I have been told that 'you are bright and cheerful' for a long time, I was filled with shock and sadness when I came to know that French colleagues talked about me as "Yuka seemed an unhappy Japanese."

Last month, I came to office in the morning and spoke to Marianne sitting next to me in French, saying, "It's raining again" and "We rarely have a sunny day lately." Then, she replied to me loudly, "Good morning!" I thought that there was something strange about the way of her speaking, but I tried not to worry about it and started to work. About two hours later, I went downstairs to have a cup of coffee at the lounge. Noticing Marianne from behind, I walked up to her. Then, I heard a conversation between her and the other two female colleagues They were laughing loudly, saying, "Yuka was an unhappy Japanese. She had nothing to enjoy."

I was shocked to know that I was referred to as "an unhappy Japanese" at the office. Is this because I am a foreigner? But I've never heard that Tang or Nasir being spoken like this way. They often got scolded by their bosses, and I saw them quarreling with French colleagues more than once. I have never missed deadlines for paperwork and was rarely get scolded. Also, I thought that I have been able to get along with French colleagues relatively well. I have no idea why I came to be talked about like that.

On that day, I recalled their laughter time and time again while at work and thought about the reason why I was referred to as unhappy. But nothing came to my mind. After returning home, I called my friend Naoko, with whom I got acquainted in France, and talked about the shocking event on that day. Then, Naoko said, "I'm not as serious-minded as Yuka. But, at many times, when I told French neighbors that it was a beautiful day, they reacted with strange words."

After talking to Naoko, my shock had eased off a little. Nonetheless, can I keep working for this company as who I am?

❶ このケースの場面を図にしてみましょう。（人の関係図や場面の流れ）

／ Let's draw up a diagram that represents the scenes in the story.

(a relationship diagram or flow of the settings)

❷ それぞれの気持ち（心の声）を想像してみましょう。

／ Let's imagine the feelings of each person (their inner voices).

▶ 私（由佳）／ I (Yuka)

▶ マリアンヌさん ／ Marianne

❸ この状況で何が問題だと考えますか。

　／ What do you think is the problem in this situation?

❹ この問題の解決策について話し合ってみましょう。どんな方法があるでしょうか。

　／ Let's discuss the solutions to this problem. What options are available?

❺-1 【グループで学ぶ人へ ／ For those who learn as a group 】

このケースについて話し合ったことを振り返り、あなたから由佳さんへメールを書いてください。

／ Review the conclusions of the discussions and write an email to Yuka.

送信（S）	差出人（M）	○○○○○@×××××.ne.jp
	宛先	
	CC（C）	
	件名（U）	

❺-2　【一人で学ぶ人へ／For those who learn as self-study 】

さらに深く考えてみましょう。／Consider more deeply.

▶ Aさんの意見 ／The opinion of A

職場では和を保ち、他の人との対立を避けるようにしています。このことは、一緒に働く仲間との人間関係づくりには大切なことだと思います。もし私のことを理解してくれない人がいるなら、その理由は直接その人に聞いてみたいと思います。

▶ Bさんの意見 ／The opinion of B

仲間が陰で私の悪口を言っていたからといって、とくに気にする必要はないと思います。人間関係が仕事に関係してくることはあまりないと思います。要するに仕事では個人の能力が大事だと思います。

あなたは、どう考えますか？／ What do you think about this?

　由佳さんは24歳まで日本で暮らしていました。フランス人と結婚して3年間は子ども2人を育てながら実家の工場の事務を手伝っていたそうです。その後、家族はフランスで暮らすことになり、由佳さんは近所の会社で働くことにしました。由佳さんがこの会社で働くことを決めたのは、自分の好きな服飾の仕事だったことと、この会社にはすでに外国人社員が働いていたからでした。入社してからも明るく自分から挨拶をし、仕事もミスをせず頑張ってきたといいます。

　ところがある日、自分が知らないところで「不幸な日本人」などとフランス人たちに笑われていたことを知って、これまで由佳さんがまじめに努力してきたことが全部否定されたように感じてしまい、とてもショックを受けたということです。

　さて、あなたは、自分には思い当たる理由がないのに、仲間が陰で悪口を言っていたことを知ったらどう思いますか。あなたは、由佳さんが同僚から「不幸な日本人」と言われていたのはなぜだと思いますか。これから由佳さんはどうしたらいいのでしょうか。

コラム　深掘りしてみよう

日常の挨拶と話題

四季がはっきりしている日本では、「今朝は冷えますね」「朝から蒸し暑いですね」「せっかくの日曜日なのにまた雨ですね」などと天候を話題にした日常の挨拶をよく聞きます。長い時間会っていなかった人と会ったときには「お久しぶりですね」「ご無沙汰しておりました」、人の家から帰るとき、相手から「今度また来てくださいね」「また、お待ちしております」と言われることもあります。これらは、ことばの意味を辞書的に解釈しても通じるものではないでしょう。では、こうした表現は人と人との関係でどんな役割を果たしているのでしょうか。

応用タスク

① 日本人に「いい天気ですね」「今度また来てください」と言われたとき、あなたはどのように返しますか。

／ If you are told by a Japanese, "It is a beautiful day" or "please come again," how do you respond?

② ある国の人から日本語で「もう食べましたか」「元気ですか」と言われたとき、あなたはどのように返しますか。

／ If you are told by a person from a country, "have you finished eating?" or "How are you?" in Japanese, how do you respond?

CASE 10　飲みニケーションに行きたいのに

キーワード　Keywords

次のことばの意味を知っていますか。

飲みニケーション　　飲み会の話題　　誘われない人

イスラム教徒　　話に入れない

ウォーミングアップ

ヨウさん、どうしたの？　顔色が悪いようだけど。

そうですか？　きのう課の人たちと飲み会があって。

ああ、なるほど、遅くまで飲んだんでしょ？　ヨウさんはお酒が飲める人？

はい、大好きです。

それならいいけど、宗教や体質の理由で飲めない人もいるから、ちょっと気にかけていないとね…。

CASE 10 飲みニケーションに行きたいのに

　私（サイフル）はこの会社に入社して今年で３年になります。タイ人のスラワットさんとカナダ人のローエンさんは私の後輩なので、ときどき私に先輩外国人として意見やアドバイスが欲しいと言ってきます。そんなとき、自分が彼らの先輩として頼られていることをうれしく感じます。しかし先日、ローエンさんが飲み会に参加したときの話を聞いて、私はショックを受け、寂しさと不安を感じました。

　私はイスラム教徒なので、お酒を飲んだり、豚肉を食べたりすることはできません。そのことを同期の仲間には、入社のときに話したことがあります。だから会社の行事でお酒や食事が出るときには、私がそれらを断っても「サイフルはイスラム教だから」と理解してくれて、私はそれ以上アルコールや豚肉を人から勧められることはありませんでした。だから、私はそういう場ではお茶や水を飲み、野菜や魚を選んで食べています。これは、私が留学で来日したときからずっとそうなので、今ではもう慣れていることです。

　しかし、最近、困ったなと感じることがあります。それは、仲間たちが集まって飲み会に行くとき、みんなが私のことを気遣って、誘ってくれないことです。だから、同僚たちが雑談をしているときやランチのときの話題に、私だけがついていけないことがあるのです。誰かの家族についての話題や社内のうわさ話、近所の新しいお店の情報など、私の知らない話がどんどん増えています。たぶん、飲み会のときの話題なのだろうと思います。そんなとき、私だけが話に入っていけなくて寂しいです。

　先日も、とてもショックなことがありました。ローエンさんが、「日本人って、会社ではあんなにまじめに仕事をしているのに、飲み会では言いたいことをいっぱい言うので、びっくりしましたよ」と話してくれました。彼はすでに「飲みニケーション」のメンバーだったのです。

　私は日本人たちからの気遣いに感謝して、これからも「飲み会には誘われない人」でいるべきなのでしょうか。

語彙リスト　Vocabulary List

行	日本語	読み方	英語
	飲みニケーション	のみにけーしょん	communicating while drinking
2	意見	いけん	opinion
3	先輩として頼られる	せんぱいとしてたよられる	see me as someone they can rely on
4	うれしい	うれしい	happy
	感じる	かんじる	feel
	参加する	さんかする	attend
5	ショックを受ける	しょっくをうける	be shocked
	寂しさ	さびしさ	lonely
	不安（な）	ふあん（な）	anxious
6	イスラム教徒	いすらむきょうと	Muslim
	豚肉	ぶたにく	pork
7	仲間	なかま	fellow
	入社	にゅうしゃ	join the company
8	断る	ことわる	decline
9	アルコール	あるこーる	alcohol
11	慣れている	なれている	be used to
13	最近	さいきん	lately
	困る	こまる	trouble
14	気遣う	きづかう	out of consideration
	同僚	どうりょう	colleague
15	話題についていけない	わだいについていけない	left out of conversations
23	感謝する	かんしゃする	be grateful for

Going for drinks

I (Saiful) have been working in this company for three years. Srawat from Thailand and Rowen from Canada joined the company after me, so they occasionally ask me for opinions and advices as a senior foreigner. I feel happy when they do so, because they see me as someone they can rely on. However, I was shocked at what Rowen told me about a drinking party he attended some time ago. It made me feel lonely and anxious.

I am Muslim by faith and prohibited from drinking alcohol or eating pork. I once explained it to my fellow new recruits when I first joined the company. It helps me because whenever I decline drinking or eating, people would understand me and my religion and refrain from further persuading me to drink alcohol or eat pork. On such occasions, I stick to tea and water and choose vegetable and fish dishes. I have been doing this since my arrival in Japan as a student, so I am already quite used to it.

However, something has been troubling me lately. When my colleagues go out for a drink, they would rather exclude me out of consideration for my religion. Therefore, I sometimes find myself left out of conversations during break or at lunch. There are more and more topics I have not heard of, like episodes of someone's family or new shops near the office. I think they came up during one of those drinking sessions I have not attended. When it occurs, I feel left out and lonely.

What particularly shocked me recently was what Rowen told me. He said, "Japanese people are super-serious at work, but they are so open and chatty when drinking, which is amazing." He has already been accepted as an official member of "nomi-nication".

Should I just remain grateful for their consideration and continue to be someone who "is not invited for a drink"?

❶ このケースの場面を図にしてみましょう。（人の関係図や場面の流れ）

／ Let's draw up a diagram that represents the scenes in the story (the relationship diagram, flow of the settings etc.)

---

❷ それぞれの気持ち（心の声）を想像してみましょう。

／ Let's imagine the feelings of each person (their inner voices).

▶ 私（サイフル）／ I (Saiful)

▶ 同僚たち ／ Colleagues

---

❸ この状況で何が問題だと考えますか。

／ What do you think is the problem in this situation?

❹ この問題の解決策について話し合ってみましょう。どんな方法があるでしょうか。

／ Let's discuss the solutions to this problem. What options are available?

❺- 1 【グループで学ぶ人へ ／ For those who learn as a group 】

このケースについて話し合ったことを振り返り、あなたからサイフルさんへメールを書いてください。

／ Review the conclusions of the discussions and write an email to Saiful.

送信（S）	差出人（M）	○○○○○@×××××.ne.jp
	宛先	
	CC（C）	
	件名（U）	

❺-2　【一人で学ぶ人へ／ For those who learn as self-study 】

さらに深く考えてみましょう。／ Consider more deeply.

▶ Aさんの意見 ／The opinion of A

> 誘われたからといって、無理に飲み会に参加する必要はないです。最近の日本の若い社員でも定時になったらすぐ帰る人が増えてきたし、行きたい人たちが飲みに行けばいいだけです。

▶ Bさんの意見 ／The opinion of B

> 飲み会の計画のときには、いろいろな事情で参加しにくい人のことも十分に配慮して、飲み会ではなくアルコール抜きのお茶会も検討したほうがいいと思います。

あなたは、どう考えますか？／ What do you think about this?

CASEの背景

　サイフルさんにとってイスラム教徒の生活習慣は子どもの頃からのことなので、母国では他の人にわざわざ説明する必要はありませんでした。しかし、日本に留学したばかりの頃は、大学や寮の生活の中で、自分と人のやり方が違うことがいろいろあることに気づき、困ったことがたくさんありました。しかし、大学4年間を過ごす中で、日本人の友達や先生方に自分の宗教や習慣を理解してもらい、自分でも工夫ができるようになったので、不便さを感じなくなっていました。

　ところが、会社に就職してからは大学時代とは違う「会社文化」があることを知って、また新しい課題を抱えることになったそうです。後輩の外国人社員たちから、自分が頼りにされるようになったことをうれしく思っていたのに、ローエンさんの話を聞いて、サイフルさんはショックを受けてしまったそうです。

　今後もこの会社でうまく仕事を続けていきたいと思っているサイフルさんは、これからどうしたらいいのでしょうか。

コラム　深掘りしてみよう

アフター5

日本では、仕事の帰りに「飲み屋」に行って、一緒にお酒を飲みながら話す場が好きな人がいます。毎日の習慣になっているほどの人は多くはないかもしれませんが、週に2、3回、月に何回と答える人は多いでしょう。また、日本の会社員をモデルにしたドラマや映画には、「居酒屋」の場面が多くあります。そのため、来日した外国人の中には「居酒屋」に行ってみたい、「飲み屋」「炉辺」の体験をしてみたいという声がよくあるそうです。では、こうした飲み会や居酒屋では、日本の人々はどんな話をしているのでしょうか。

応用タスク

① 仕事の帰りに、仕事仲間と飲みながら話すことにはどんな目的があるのでしょうか。
／ What do you think are the purposes of going out for a drink with colleagues after work?

② あなたは仕事の帰りにどんなことをしたいですか。それはどんな目的ですか。
／ What do you want to do after work? What is the purpose of doing it?

個人評価を見せ合いますか

次のことばの意味を知っていますか。

本社　　支社　　月給制　　勤務評価　　熱意　　貢献度

ボーナス

ウォーミングアップ

ヨウさん、来週はボーナスが出るね。やっぱりボーナスってうれしいよね。

はい、私は今回頑張ったから、勤務評価は高いと思います。いつも本社のショウさんと比べるんですよ。今回は私の勝ちかな。

えっ、本社のショウさんって、ヨウさんのお友達？

はい、私が半年だけ先輩です。

ショウさんとはそんなに親しいの？

まあ、仕事の付き合いですよ。

あっ、そうなの。でも…。

CASE 11　個人評価を見せ合いますか

　　私（垣内）はMコーポレーションという流通業の会社に勤務しています。入社25年目になります。海外勤務は13年目で、中国支社の勤務は2年前からです。私はここの支社長で、他に日本人5名と中国人32名が働いています。日本人の中には海外勤務が初めての者もいますし、5年以上の者もいます。私は、ここの中国人社員たちは明るくて正直だと感じていますが、彼らのことで一つだけ悩みがあります。今年もまた、去年と同じ問題に悩んでいます。

　　Mコーポレーションは、東京本社の他に、海外に12支社あります。海外支社はそれぞれ異なった環境なので、会社のルールは変更してもいいことになっています。例えば、暑い地域ではエアコン使用のルールが特別ですし、交通渋滞がひどい地域では始業時間が遅いです。このような現地特有の理由ならば、ルールの変更はしやすいのですが、文化や習慣などが理由の場合、ルール変更は難しいのです。私が悩んでいる問題も文化・習慣が理由の一つです。

　　この中国支社の給与は、本社と同じように月給制です。年に12回の給与と2回（6月と12月）のボーナスが支給されます。12月のボーナスはスタッフ個人に対する10項目の勤務評価により額が決まります。日本人6名が話し合って決定します。この10項目は事前に社員全員に知らせてあります。評価項目には点数にしにくいものもあります。例えば、「仕事に対する熱意」、「職場、仕事への貢献度」などは評価をする人の主観的な判断で点数がつきます。

　　今年も昨年と同じ問題が起きました。現地スタッフたちは月々の給与やボーナスが支給された日に、すぐにお互いの金額を見せ合ってしまうのです。今年も12月のボーナスの日に、現地スタッフが何人も私のところに抗議に来ました。「なぜ、私より彼のほうが高いのか」「私のどこがダメなのか」と言うのです。この訴えについて、他の日本人と相談したこともありますが、解決策は出ませんでした。昨年は、怒って会社をやめてしまった社員もいました。

　　私はこれからもこの問題を解決できないままここで仕事をしていくのでしょうか。

語彙リスト　Vocabulary List

行	日本語	読み方	英語
	個人評価	こじんひょうか	individual evaluation
1	流通業の会社	りゅうつうぎょうのかいしゃ	retail company
2	海外勤務をする	かいがいきんむをする	work overseas
	支社	ししゃ	branch office
6	同じ問題に悩む	おなじもんだいになやむ	puzzle over the same problem
7	本社	ほんしゃ	headquarters
9	交通渋滞がひどい	こうつうじゅうたいがひどい	with heavy traffic jams
10	文化	ぶんか	culture
11	習慣	しゅうかん	custom
13	給与	きゅうよ	salary
	月給制	げっきゅうせい	monthly salary
14	ボーナスが支給される	ぼーなすがしきゅうされる	bonus is paid
15	～項目	～こうもく	～ item
	勤務評価により額が決まる	きんむひょうかによりがくがきまる	depend on one's work evaluation
	話し合って決定する	はなしあってけっていする	be determined through discussions
16	事前に知らせてある	じぜんにしらせてある	inform in advance
	点数にしにくい	てんすうにしにくい	hard to quantify
17	仕事に対する熱意	しごとにたいするねつい	passion for work
	職場、仕事への貢献度	しょくば、しごとへのこうけんど	contribution to workplace and work
	主観的な判断	しゅかんてきなはんだん	subjective judgement
18	点数がつく	てんすうがつく	are graded
21	抗議する	こうぎする	protest
23	～と相談する	～とそうだんする	consult with ～
	解決策	かいけつさく	solution
	会社をやめる	かいしゃをやめる	quit
25	解決できないまま	かいけつできないまま	with this problem unsolved

英語訳 English Translation

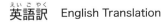
英語訳　English Translation

Is it normal to show your individual evaluation to your colleague?

I (Kakiuchi) have been working for a retail company, M Corporation for 25 years. This is my 13th year for working overseas and my 2nd at the branch office in China. I am the general manager of this office, which consists of 5 other Japanese and 32 Chinese. Among the Japanese, some have more than 5years of experience working overseas whereas others have none. I believe that our Chinese staff are bright and honest, but have been puzzled over the same problem.

Besides our headquarters in Tokyo, M Corporation has 12 overseas offices, which are given discretion with regard to how to adjust company rules depending on local factors such as environment. For instance, in hot areas, they have local rules as to the use of air-conditioning and in areas with heavy traffic jams, employees can go to work relatively late It is not particularly difficult to change company rules, however, it would be very difficult if you try to do the same from culture or custom factors, and this has been the problem that I have been worried about.

At our branch office in China, salary is paid monthly as is the case with the headquarters. In addition to a monthly salary, twice-a-year bonus is paid (June and December) depending on one's work evaluation graded by ten items. The amount of the bonus is determined through discussions among 5 Japanese managers. The ten evaluation items have been informed to all employees in advance. Some items which are hard to quantify such as "passion for work" and "contribution to workplace and work" are graded by subjective judgement of the managers.

This year, as last year, we are faced with the same problem. On the day when the bonus is paid, the local staff immediately told each other about how much they were paid. Several local staff came to me to protest, saying "why did he get paid more than I did?" and "What's wrong with me?" Although I have consulted with Japanese colleague, were unable to come up with the solutions. Some Chinese employees quit out of anger.

Am I supposed to continue working here with this problem unsolved?

❶ このケースの場面を図にしてみましょう。（人の関係図や場面の流れ）

／ Let's draw up a diagram that represents the scenes in the story (the relationship diagram, flow of the settings etc.)

```



```

❷ それぞれの気持ち（心の声）を想像してみましょう。

／ Let's imagine the feelings of each person (their inner voices).

▶ 私（垣内）／ I (Kakiuchi)

```



```

▶ 現地スタッフ ／ Local staff

```



```

❸ この状況で何が問題だと考えますか。

　／ What do you think is the problem in this situation?

❹ この問題の解決策について話し合ってみましょう。どんな方法があるでしょうか。

　／ Let's discuss the solutions to this problem. What options are available?

❺-1 【グループで学ぶ人へ ／ For those who learn as a group 】

このケースについて話し合ったことを振り返り、あなたから垣内さんへメールを書いてください。

／ Review the conclusions of the discussions and write an email to Mr.Kakiuchi.

送信（S）	差出人（M）	○○○○○@×××××.ne.jp
	宛先	
	CC（C）	
	件名（U）	

❺-2　【一人で学ぶ人へ／For those who learn as self-study】
さらに深く考えてみましょう。／Consider more deeply.

▶ Aさんの意見 ／The opinion of A

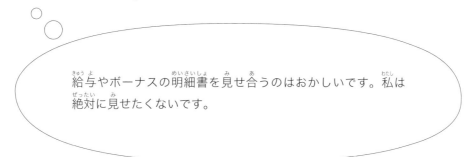

給与やボーナスの明細書を見せ合うのはおかしいです。私は絶対に見せたくないです。

▶ Bさんの意見 ／The opinion of B

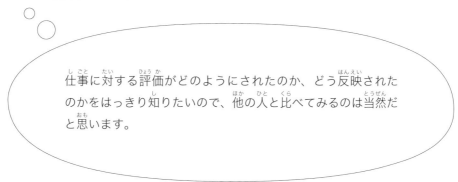

仕事に対する評価がどのようにされたのか、どう反映されたのかをはっきり知りたいので、他の人と比べてみるのは当然だと思います。

あなたは、どう考えますか？／What do you think about this?

　中国支社長になった垣内さんは、現地スタッフの文化・習慣や価値観をできるだけ大切にしながら仕事をしてきました。現地スタッフたちは、最近では垣内さんに職場の小さいトラブルや家庭の問題まで相談してくれるようになっているので、垣内さんは彼らとの信頼関係ができてきたと感じています。一方で、毎年12月のボーナスが出ると、彼らの態度が急変し、垣内さんのところに次々と抗議に来るのです。

　社員の個人評価結果をもとにボーナスの額を決めるやり方は、本社でも他の海外支社でも実施していることです。しかも、評価結果は垣内さん一人で決めたのではなく、他の日本人管理職と話し合った結果なのです。

　さて、現地スタッフたちが給料やボーナスの額を見せ合うことや、社員の個人評価がボーナスの額につながっていることについて、あなたはどう思いますか。垣内さんはこれから、この問題にどう対応していけばいいのでしょうか。

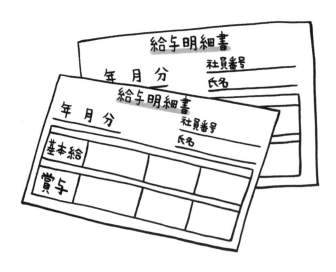

コラム　深掘りしてみよう

仕事の収入

日本では「月給制」で給与を支払っている会社が多いです。「月給制」は1年間に12回の給与の他に、6月と12月に賞与やボーナスが支給されます。しかし、最近では1年間の全支給額を単純に12カ月で分けて出す「年俸制」も増えてきました。この他にも、日給（日払い）、週給という方法もあります。また、「歩合制」「売上高」など、限られた期間内で労働者個人の仕事量や成果に合わせた支給方法もあります。他にも仕事のお金のもらい方があるのでしょうか。

応用タスク

① あなたの国では、給与の支払い方にどのような方法がありますか。
／ In your country, how the amount of your salary is to be determined?

② 仕事の収入に関する制度の違いを整理してみましょう。また、それぞれのメリットとデメリットを考えてみましょう。
／ Consider the differences of salary systems in different countries and its merits and demerits.

わたしが信用_{しんよう}されないのは

次_{つぎ}のことばの意味_{いみ}を知_しっていますか。

共同経営者_{きょうどうけいえいしゃ}　　名刺_{めいし}　　新規開拓_{しんきかいたく}　　業績_{ぎょうせき}　　信用_{しんよう}

ウォーミングアップ

ヨウさん、さっきのR社_{しゃ}の人_{ひと}、覚_{おぼ}えていますか。2年前_{ねんまえ}ぐらいによくここに来_きていた人_{ひと}ですよ。

ああ、やっぱり。でも名刺_{めいし}の名前_{なまえ}が違_{ちが}うから、彼女_{かのじょ}、結婚_{けっこん}したんですね。

そう。彼女_{かのじょ}は子_こどもが生_うまれて2年仕事_{ねんしごと}を休_{やす}んでいたの。今_{いま}は午後_{ごご}だけ勤務_{きんむ}しているみたい。

そうですか。でも、名刺_{めいし}に経理部長_{けいりぶちょう}ってありましたよ。部長_{ぶちょう}でも半日勤務_{はんにちきんむ}ですか。

名刺_{めいし}は信用_{しんよう}のためだからね。

CASE 12　わたしが信用されないのは

　私（美紀）は、フランスで食品加工会社をフランス人の夫と共同経営しています。私たちの会社は、フランス国内や日本に加工食品を送っています。はじめは夫婦2人だけでしたが、現在は4名の共同経営体制です。持ち株の比率は夫と私で70％、あとの30％は2名のフランス人取締役が保有しています。これからさらに日本にも会社を拡大していこうとしています。

　最初は資金も経験もゼロでしたが、私と夫だけでこの会社を立ち上げて、やっとここまでにしたのです。大変でしたが、とてもやりがいを感じながら仕事をしてきました。私たちには子どもが3人いますので、家族との時間を大切にすることを優先し、仕事と家庭のワークライフバランスを考えながら日々努力を重ねてきました。

　会社設立から15年経った今、経営はほぼ安定してきたので、さらに日本にも事業を拡大することになりました。最近では、私はフランスでこれまで面識のなかった大きな銀行や取引先の会社にも一人で出向いて行くようにしています。日本への進出については、当然私が中心になってやっていく必要があると思ったので、私は一人で東京まで行き、ある会社を訪問してみることにしました。ところが、私が名刺を出して挨拶をすると、その会社の代表者は「あなたはその会社の何ですか。どんな立場ですか」と言うのです。私が名刺を指して「共同経営者です」と答えても、相手は不審そうな表情で私を見るので嫌な感じがしました。その後も、銀行や他の会社を訪問しましたが、同じような対応をされました。とうとう新規開拓のための努力は失敗に終わり、私はフランスに戻りました。

　東京であったことを今思い出しても、なぜ私はあのような対応をされてしまったのか、相手は私に対してとても失礼な態度だったと思い出し、気分が悪くなります。だって、「共同経営者」とは経営者の一人です。経営者であることに違いはないのです。私がフランスの会社の人だからでしょうか、それとも日本ではいまだに、女性であることがビジネスの世界で不利なのでしょうか。私たちの会社の業績はいいので、このことを相手に分かるように説明したのに、なぜ私は彼らに信用されなかったのでしょうか。これから日本に会社を拡大しようとするときに、私が中心となって進めることはできないのでしょうか。

語彙リスト Vocabulary List

行	日本語	読み方	英語
	信用する	しんようする	trust
1	食品加工会社	しょくひんかこうがいしゃ	food processing company
2	加工食品	かこうしょくひん	processed food
	送る	おくる	send
4	取締役	とりしまりやく	director
6	資金	しきん	funding
	ここまでにする	ここまでにする	make it this far
7	大変（な）	たいへん（な）	challenging
8	優先する	ゆうせんする	prioritize
9	ワークライフバランス	わーくらいふばらんす	work-life balance
10	安定する	あんていする	stable
12	取引先	とりひきさき	client company
	日本への進出	にほんへのしんしゅつ	expanding into Japan
13	当然	とうぜん	naturally
	中心になる	ちゅうしんになる	take the lead
14	名刺	めいし	business card
15	代表者	だいひょうしゃ	representative
	立場	たちば	position
16	不審そうな表情	ふしんそうなひょうじょう	distrustful expression
17	嫌な感じがする	いやなかんじがする	feel uncomfortable
18	とうとう	とうとう	eventually
21	失礼な	しつれいな	rude
24	不利（な）	ふり（な）	disadvantage
	業績	ぎょうせき	performance

英語訳 English Translation

Why I am not trusted

I (Miki) run a food processing company in France with my French husband. We send processed foods not only within France but to Japan. At first, only my husband and I ran the company, but now there are four partners. My husband and I own 70% of the company share and two French directors hold remaining 30%. We are trying to expand further into Japan from now.

Regardless of the lack of funds and experience at first, my husband and I managed to make it this far. It was challenging, but we have worked with high motivation. Since we have three children, we value and prioritize time for family while working hard every day, considering a work-life balance.

Now that the business has become almost stable after 15 years since its foundation, we have decided to expand further into Japan. These days, I try to visit large banks and client companies in France that I've never met before by myself. Naturally, I thought I should take the lead on expanding into Japan, so I decided to fly to Tokyo by myself to visit a company. However, when I held out my business card and greeted, the company representative said, "What role do you play in the company? What is your position?" I pointed to my business card and said, "I'm a co-owner", but he looked at me with a distrustful expression, which made me feel uncomfortable. After that, I visited another bank and several other companies but met with similar responses. Eventually, my efforts to develop new business failed, and I returned to France.

I still don't know why they treated me like that, and it makes me feel sick to remember what happened in Tokyo and how rude they were to me. A "co-owner" is one of the business owners. It means that I run the company. Was it because I am from a French company? Or is being a woman still disadvantage in the business world in Japan? I explained clearly that our performance is good. Despite that, why didn't they trust me? Is it impossible for me to play a main role in expanding into Japan?

❶ このケースの場面を図にしてみましょう。（人の関係図や場面の流れ）

／ Let's draw up a diagram that represents the scenes in the story (the relationship diagram, flow of the settings etc.)

```
┌─────────────────────────────────────────────────┐
│                                                 │
│                                                 │
│                                                 │
│                                                 │
│                                                 │
│                                                 │
│                                                 │
└─────────────────────────────────────────────────┘
```

❷ それぞれの気持ち（心の声）を想像してみましょう。

／ Let's imagine the feelings of each person (their inner voices).

▶ 私（美紀）／ I (Miki)

```
┌─────────────────────────────────────────────────┐
│                                                 │
│                                                 │
│                                                 │
│                                                 │
└─────────────────────────────────────────────────┘
```

▶ 東京の会社の代表者 ／ The company representative in Tokyo

```
┌─────────────────────────────────────────────────┐
│                                                 │
│                                                 │
│                                                 │
│                                                 │
└─────────────────────────────────────────────────┘
```

❸ この状況で何が問題だと考えますか。

／ What do you think is the problem in this situation?

❹ この問題の解決策について話し合ってみましょう。どんな方法があるでしょうか。

／ Let's discuss the solutions to this problem. What options are available?

❺-1 【 グループで学ぶ人へ ／ For those who learn as a group 】

このケースについて話し合ったことを振り返り、あなたから美紀さんへメールを書いてください。

／ Review the conclusions of the discussions and write an email to Miki.

送信 (S)	差出人 (M)	○○○○○@×××××.ne.jp
	宛先	
	CC (C)	
	件名 (U)	

❺-2　【一人で学ぶ人へ／For those who learn as self-study】

さらに深く考えてみましょう。／Consider more deeply.

▶ Aさんの意見／The opinion of A

肩書ってやっぱり重要です。名刺に〇〇部長って書いてあるとそれなりに対応して話も聞いてくれます。特に、契約など重要な案件の際は企業を訪問した時に明らかに相手の対応が違います。そこで信用の違いが分かります。

▶ Bさんの意見／The opinion of B

私は肩書にはこだわりません。会社そのものの中身が大事ですから。うちの製品は他社に負けていませんから、私自身の肩書なんてほとんど関係ないです。

あなたは、どう考えますか？／What do you think about this?

　美紀さんはフランス人と国際結婚して、3人の子どもを育てながら夫と共に会社を設立しました。外国人である美紀さんがフランス社会の中で生活することの苦労を、これまでを振り返って話してくれました。今、やっと会社が安定してきたので、さらに拡大しようとしたとき、美紀さんはまた次の大きな壁にぶつかってしまいました。これまでの苦い経験から、自分はフランス人と同じようにフランス社会で活躍できないかもしれないと思い、母国日本で取り組んでみようと意気込んでいたそうです。ところが、いくつもの銀行や会社に行ったのに、相手にされないという悲しい結果になりました。日本人にとって、自分がフランス人の夫と共同経営していることが怪しく見えるのか、自分が女性だから信用されないのか。相手は、一体自分のどこをどう判断したのかが知りたいと、悔しそうに言っていました。

　さて、美紀さんの今の状況をあなたはどう思いますか。これから美紀さんはこの会社拡大の課題にどう取り組めばいいのでしょうか。

コラム　深掘りしてみよう

人の判断要素

人は相手がどんな人なのかを判断するとき、その人のどんなところを見るのでしょうか。見た目で判断するならば、服装やヘアスタイルや背格好などでしょう。国によって異なることも多く、ある国では、妻の体型を見て夫の収入額を推定するそうです。また、ある国では言葉遣いや発音から身分階級を判断するようです。世界の先進国の中で、日本社会はまだまだ女性の地位が低いといわれています。国籍や性別も判断の要素になるのでしょうか。

応用タスク

① 日本語で「女」がつく職業名をあげてみましょう。　例）女医
／ Name the occupations that have the word meaning "female" in Japanese. e.g. female doctor

② あなたの母語や仲間の国で同様の言い方がありますか。比較してみてください。
／ Are there similar expressions in your mother tongue or your friends'? Please compare them.

著者プロフィール

● 金 孝卿 _{きむ ひょぎょん}

麗澤大学国際学部国際学科教授・麗澤大学大学院言語教育研究科教授。協働実践研究会幹事

専門は日本語教育学、協働学習、ピア内省活動。博士（人文科学、お茶の水女子大学）。

国際交流基金、大阪大学、早稲田大学を経て現職。大学で学ぶ外国人留学生のためのビジネスコミュニケーション教育やキャリア教育、日本で働く外国人材のための研修や教材開発、日本語教師養成を行っている。著書に『第二言語としての日本語教室における「ピア内省」活動の研究』(単著)、『課題達成のプロセスで学ぶビジネスコミュニケーション（改訂新版）』(共著)、『ビジネスコミュニケーションのためのケース学習－職場のダイバーシティで学び合うー』（教材編１、２、解説編）（共著）など。

● 近藤 彩 _{こんどう あや}

昭和女子大学人間文化学部日本語日本文学科教授・昭和女子大学大学院文学研究科長・教授。
ビジネス日本語研究会代表幹事

専門は日本語教育学、ビジネスコミュニケーション、協働学習、外国人労働者に関わる環境整備。博士（人文科学、お茶の水女子大学）。

東京海上火災保険株式会社（現・東京海上日動火災保険株式会社）、政策研究大学院大学などを経て現職。近年は、NHK WORLD "Easy Japanese for Work"「しごとのにほんご」監修、経済産業省「日本人社員も外国籍社員も 職場でのミスコミュニケーションを考える」コンテンツ開発も行っている。著書に『日本人と外国人のビジネスコミュニケーションに関わる実証研究』、「企業の求めるビジネスコミュニケーション能力ー外国人と働く環境整備に向けて日本語教育ができることー」『日本語学』（単著）など。

● 池田 玲子 _{いけだ れいこ}

昭和女子大学人間文化学部日本語日本文学科特命教授。協働実践研究会共同代表

専門は日本語教育学、協働学習（ピア・ラーニング）、ピア・レスポンス、アカデミックライティング、ケース学習。博士（人文科学、お茶の水女子大学）。

お茶の水女子大学、東京海洋大学、鳥取大学を経て現職。「協働的コミュニケーション」を研究テーマに、教材開発や教師研修（国内、海外）を行っている。著書に『ピア・ラーニング入門－創造的な学びのデザインのために 改訂版』（共著）、『アジアに広がる日本語教育ピア・ラーニング』（編著）、『ビジネスコミュニケーションのためのケース学習－職場のダイバーシティで学び合うー』（教材編１、２、解説編）（共著）など。

"異文化"トラブル解決のヒント！

日本人も外国人も

ケース学習で学ぼう ビジネスコミュニケーション

発行日　2020 年 11 月 11 日　第 1 刷
　　　　2024 年 2 月 14 日　第 2 刷

著　　者　　金 孝卿　近藤 彩　池田 玲子
発 行 者　　齋藤 惠
発　　行　　株式会社日経 HR
　　　　　　〒101-0045　東京都千代田区神田鍛冶町 3-6-3
　　　　　　URL　https://www.nikkeihr.co.jp
発　　売　　株式会社日経 BP マーケティング

デザイン・DTP　荒川 道子
イラスト　　　　舩附 麻衣
校　　正　　　　有限会社共同制作社
印刷・製本　　　株式会社シナノパブリッシングプレス

ISBN978-4-89112-198-3　C2034

本書に関するお知らせや訂正情報などは、小社ウェブサイトで公開します。
本書の内容に関するご質問は、以下のアドレスまでお願いします（お電話では受け付けておりません）。
book@nikkeihr.co.jp

乱丁本・落丁本はお取り替えいたします。